후설이 들려주는
현상 이야기

후설이 들려주는

현상 이야기

ⓒ 조극훈, 2008

초판 1쇄 발행일 2008년 9월 12일
초판 9쇄 발행일 2021년 4월 28일

지은이   조극훈
펴낸이   정은영
펴낸곳   (주)자음과모음

출판등록   2001년 11월 28일 제2001 - 000259호
주소   04047 서울시 마포구 양화로6길 49
전화   편집부 (02)324 - 2347 경영지원부 (02)325 - 6047
팩스   편집부 (02)324 - 2348 경영지원부 (02)2648 - 1311
e-mail   jamoteen@jamobook.com

ISBN   978-89-544-0823-3 (64100)

후설이 들려주는

현상 이야기

조극훈 지음

|주|자음과모음

　물 컵 속에 들어 있는 막대가 굽어 보이는 현상을 착시 현상이라고 합니다. 막대가 실제로 굽은 것이 아니라 그것을 보는 우리 눈이 착각을 일으킨 것이죠.

　이러한 착시 현상은 세상을 바라보는 우리의 인식에도 자주 나타납니다. 우리는 보통 가정환경이나 문화, 교육, 종교, 사상 등 일정한 맥락에서 생활하기 때문에, 거기에서 벗어나 객관적으로 세상을 바라보기가 쉽지 않습니다. 그로 인해 많은 오해와 갈등이 생기고 잘못된 판단으로 후회하는 일도 생기기 마련입니다.

　후설이 들려주는 현상 이야기는 이러한 착시에서 벗어나 아주 객관적이면서 정확하게 사물을 인식할 수 있는 방법을 고민하고 있습니다. 도시 생활에 익숙한 보배네 가족은 전깃불도, 컴퓨터도 없는 곳에서 사시는 할아버지의 자연생활을 이해하지 못합니다. 과학기술을 맹신하는 보배 아빠는 할아버지의 생활 방식을 현대 문명에 뒤처져서 불편하다고 여깁니다. 그러나 불편하다는 생각은 할아버지가 아니라 보배네 가족이 했습니다. 결국 보배네 가족은 할아버지의 파 뿌리 감기약과 그릇 조각 온도계와 같은 놀라운 생활 과학을 통해 새로운 세계를 보게 됩니다.

우리는 선입견이나 상식, 다른 사람의 생각을 별 의심 없이 자신의 것으로 받아들이고 또 그것을 옳다고 여기는 경향이 있습니다. 이러한 태도는 세상을 있는 그대로 진실 되게 알아가는 데 방해가 됩니다.

우리는 자신이 아는 것이 한 치 의심할 여지도 없이 확실한가를 먼저 생각해 봐야 합니다. 때 묻은 거울을 닦아내듯 자신의 마음을 순수하게 만들어야 합니다. 그럴 때라야 세상은 존재하는 그대로 보일 것입니다.

'달이 동그랗게 보이는 것은 달 자체가 동그래서가 아니라 달을 보는 우리 마음이 동그래서이다.'

이 말은 달 자체보다 달을 보는 우리의 마음이 더 중요하다는 의미를 뜻합니다. 또 이런 말도 있습니다.

'달을 가리키는 손가락을 보지 말고 달을 보라.'

이 말은 순수한 마음을 가지고 있다면 다른 수단을 통하지 않고 단번에 달을 볼 수 있다는 뜻이죠. 여러분이 거울과 같은 맑은 마음을 갖는 데 이 책이 도움이 되기를 바랍니다.

그동안 이 책을 만드는데 수고해 주신 (주)자음과모음 관계자 여러분께 고마운 마음을 전합니다. 저를 아는 소중한 분들, 그리고 제 곁에서 항상 힘이 되어 주는 사랑하는 익태, 예란이와 함께 기쁨을 나누고 싶습니다.

2008년 9월

조극훈

C O N T E N T S

프롤로그

　서울을 출발할 때까지만 해도 멀쩡했던 하늘이 강원도를 들어서자 점점 잿빛으로 변했습니다. 잔뜩 찌푸린 하늘에는 금세 먹구름이 밀물처럼 모여들었습니다. 해는 무섭게 밀려드는 먹구름의 기세에 눌려 빛을 감추고 말았습니다. 이제 겨우 한 시 조금 지났을 뿐인데 주변은 마치 오후 다섯 시라도 된 듯 어두웠습니다.

　"일 년 만에 하는 가족 여행인데 날씨가 안 도와주네."

　아빠는 운전대에 몸을 바싹 갖다 대고 자동차 앞 유리창 너머로 하늘을 살폈습니다.

　"스키장 가는 거니까 비 말고 눈이 왔으면 좋겠어. 엄마, 나 이번에는 무조건 놀기만 할 테니까 그런 줄 알아. 지난번처럼 촬영 있다고 도중에 서울로 가면 안 돼."

　보배는 엄마를 쳐다보았습니다.

　"그럼 너 이번에 올라가면 무조건 다음 작품 해야 해. 알았어?"

엄마가 다짐을 받으려는 듯 보배를 바라보았습니다. 보배는 금세 풀이 죽었습니다.

"한 번 더 쉬고 그 다음에 하면 안 돼? 이제 6학년 되는데, 그러면 또 친구도 못 사귀고 일 년을 보내야 한단 말이야."

"넌 이미 갈 길이 정해졌는데. 너한테 중요한 게 친구니?"

"엄마, 5학년 올라갈 때도 드라마 찍느라고 새 학기를 완전히 엉망으로 보냈단 말이야. 그래서 친구도 못 사귀었어. 친구들이랑 친해질 만하면 드라마 찍고, 새 친구를 사귈 만하면 또 영화 찍고."

보배는 불만으로 가득 차서 입을 삐쭉거렸습니다.

"시끄러워. 넌 그 애들하고 달라."

"5학년이 될 때까지 친한 친구가 한 명도 없다는 게 말이 돼?"

보배는 창밖을 보며 혼잣말을 했습니다. 친한 친구 얼굴을 떠올려 보려고 했지만 아무도 생각나지 않았습니다. 보배의 아랫입술이 파르르 떨렸습니다. 아랫입술을 꽉 깨문 보배 눈에 눈물이 핑 돌았습니다.

따르르릉 따르르릉.

핸드폰이 울렸습니다.

"어머, 노인철 감독님 안녕하세요? 네? 약속 날짜를 바꾸자고요? 언제요? 29일이요? 네, 좋아요. 그럼 그때 뵙겠습니다."

"29일? 우리 30일까지 놀기로 했잖아."

보배는 눈살을 찌푸렸습니다.

"29일이나 30일이나. 하루 더 놀았다가, 물론 그럴 일은 없겠지만, 이번 배역이 다른 애한테 넘어가면 어떡해."

엄마는 수첩에 약속 날짜를 적었습니다.

"어? 눈이네. 눈이 제법 많이 오겠어."

아빠가 창밖을 보며 말했습니다.

"눈이 왕창 와서 확 파묻혔으면 좋겠어."

엄마가 보배를 째려보았습니다. 보배는 팔짱을 끼고 신경질을 내며 등받이에 기댔어요. 그리고 소담스럽게 내리는 눈을 바라보았습니다.

손톱만한 눈은 이내 솜뭉치처럼 커져 자동차를 향해 정신없이 달려들었습니다. 고속도로의 자동차들은 모두 거북이걸음을 걷고 있었습니다.

간신히 고속도로를 빠져나온 차는 시골 길로 접어들었습니다. 그때 눈앞에 펼쳐진 새하얀 세상을 보자 보배는 마음이 조금 풀리는 듯했습니다. 논, 밭, 집, 나무, 산 등 모든 것들이 흰 눈 뒤쪽에 숨어 있었습니다. 보배는 눈 속에 묻혀서 아무도 우릴 찾지 못했으면 좋겠다고 생각했습니다.

"아니, 눈이 이렇게 많이 와서 29일까지 서울에 갈 수나 있겠어?"

엄마가 한숨을 쉬며 말씀하셨습니다. 지금이라도 다시 차를 서울로 돌리고 싶은 기색이 역력했습니다.

'눈의 여왕님, 우리를 오래오래 이곳에 잡아 두세요.'

보배는 눈을 감고 기도했습니다. 그때 차가 왼쪽으로 돌며 바퀴가 살짝 미끄러졌습니다. 보배는 깜짝 놀라 눈을 떴죠. 보배는 눈의 여왕이 자신의 기도에 신호를 보냈다고 생각해서 더욱 간절히 기도했습니다.

아빠는 시골길에서 벗어나려고 애를 썼지만 세상이 온통 하얀 색으로 보였기 때문에 어디가 어디인지 분간할 수가 없었습니다. 차는 점점 오솔길로 접어들었습니다. 양쪽으로 즐비하게 서 있는 눈 덮인 나무들은 마치 하얀 벽과도 같았습니다.

"이 길로 가는 거 맞아요?"

엄마가 신경질적으로 물었습니다.

"이 길밖에 없잖아!"

아빠가 신경질적으로 대답하는데, 갑자기 바퀴가 헛돌며 차가 방향을 잃기 시작했습니다.

"어, 어, 어? 차가 왜 이러지? 자기 마음대로 도네. 손잡이 꽉 잡아!"

빙글빙글 돌기 시작한 자동차는 좀체 멈추질 않았습니다. 빠르게 돌던 자동차는 오솔길을 벗어나 즐비하게 서 있는 하얀 나무 벽으로 돌진

했습니다. 순식간에 하얀 가로수 한 그루가 자동차로 덮쳤습니다.

"엄마! 아빠!"

"보배야!"

자동차는 쿵 소리를 내며 나무 벽을 들이박은 뒤에야 멈춰 섰습니다.

빵!

자동차 경적 소리가 산 전체를 뒤흔들었습니다. 자동차 앞에서 연기가 모락모락 피어올랐습니다. 오래도록 울리는 경적 소리 위로 함박눈이 소복소복 쌓이고 있었습니다.

사태 자체로 돌아가라

 우리는 우리 자신이 보지 못한 것에 대해 말해서는 안 된다.

— 에드문트 후설

1 산악구조대

엄마.

아빠랑 크리스마스 잘 보냈어? '세계 환경 대회' 준비는 잘 되고? 내가 있었음 친구들하고 포스터 붙이는 거 도와줬을 텐데.

올해도 베를린은 화이트 크리스마스였어? 여긴 날씨가 정말 좋았어. 햇볕 쨍쨍. 그래도 크리스마스 때는 눈이 와 줘야 기분이 나는데. 오랄 땐 안 오고 크리스마스가 지난 오늘에야 왔어.

엄마, 오늘 어떤 일이 있었는지 알아? 나하고 할아버지가 산악

구조대가 되어서 어떤 사람들을 구했다니까. 그것도 한 가족을 말이야. 어떻게 된 일이냐고?

아침에 할아버지께서 하늘을 보시더니 며칠 눈이 올 것 같다며 미리 나무를 하러 가자고 하셨어. 그래서 나와 할아버지는 산으로 들어갔지.

산에서 나무를 다 하고 집으로 돌아가려는데 갑자기 쿵! 소리가 나더라고. 그러더니 빵, 하면서 온 산에 자동차 경적 소리가 울려 퍼지잖아.

"사고가 난 것 같구나."

할아버지 말씀에 우리는 소리를 따라 걸었어.

한참 산을 내려오자 차 한 대가 나무에 처박혀 있었어. 차 앞에선 연기가 모락모락 나고 있었지. 그 광경을 보고 정말 깜짝 놀랐어. 사람이 많이 다치거나 죽었을까 봐 걱정했거든. 으, 피를 보는 건 정말 싫어.

나와 할아버지는 깜짝 놀라 지게를 내려놓고 자동차가 있는 곳으로 달려갔어. 차 안에는 아저씨, 아줌마, 그리고 여자애가 있었어. 피는 안 보였지만 아무도 움직이지 않는 거야.

"설마, 죽은 건 아니겠지요?"

내가 할아버지를 보고 물었어.

"기절한 것 같구나."

할아버지께서 유리창을 두드리셨어. 그러자 에어백에 머리를 묻고 있던 아저씨가 힘겹게 일어났어. 그리고 뒷좌석에 쓰러져 있던 여자애랑 아줌마도 간신히 몸을 움직이며 눈을 떴어.

엄마, 근데 그 여자애가 누구였는지 알아? 나보배! 나보배잖아! 엄마도 알지? 아역 탤런트 나보배. 엄마도 보배가 나온 드라마 보고 잘한다고 칭찬까지 했었잖아. 세상에, 베를린에서 비디오로만 보던 나보배를 한국에서, 그것도 이런 산 속에서 보게 될 줄 누가 알았겠어?

나는 보배에게서 눈을 뗄 수가 없었어. 엄마, 보배는 텔레비전보다 실물이 훨씬, 훨씬 더 예뻐. 엄마도 봤으면 보배 손을 덥석 잡고 사인해 달라고 했을 거야. 엄마, 보배 팬이잖아. 아, 맞다. 내가 엄마 것까지 사인 받아서 가지고 갈게.

엄마, 보배의 눈동자는 맑은 샘물보다 더 반짝였어. 피부는 어찌나 하얀지, 눈의 나라에서 온 공주 같았어. 보배가 깨어나는 모습은 마치 잠자는 숲 속의 공주가 겨우 마법에서 풀려 일어나는 것 같았어.

"보배야! 보배, 괜찮니?"

아줌마가 보배 이름을 부르시면서 다친 곳이 없나 여기저기 살폈어. 그러더니 버럭 소리를 지르는 거야. 차 밖에 있던 할아버지랑 나는 아줌마 목소리에 깜짝 놀랐어.

"보배 얼굴에 상처 났으면 어쩔 뻔했어!"

아줌마가 막 화를 냈어.

"미안하다, 보배야. 다들 다친 데 없어?"

아저씨는 뒷좌석을 보며 묻다가 차 밖에 서 있는 우릴 발견했어. 그러더니 차 밖으로 조심스럽게 나왔어.

"괜찮으세요? 어디 다치신 데는 없으세요?"

하지만 아저씨는 할아버지 말씀에 아랑곳하지 않고 주변을 휘둘러보았어.

"영감님, 여기가 어딥니까?"

"홍천 가는 길목인데요."

"홍천이요? 이런 길을 잘못 들어섰군."

아저씨는 화를 내며 툴툴댔어. 우릴 보며 신경질을 내니까 마치 우리가 뭔가를 잘못한 기분이었어. 아니, 왜 자기가 잘못해 놓고 우리한테 신경질이야? 자기 잘못은 인정하지 못하고…….

아저씨는 성숙하지 못한 어른이야. 엄마가 그랬잖아. 자기가 한 잘못을 인정하지 못하면 성숙하지 못한 거라고.

내가 얼굴을 찡그린 채 아저씨를 보고 있을 때 보배가 차에서 내리다가 미끄러질 뻔했어. 그래서 내가 얼른 보배 손을 잡아 줬지. 나도 깜짝 놀라고 보배도 깜짝 놀랐어. 너무 순식간에 일어난 일이라 내가 정말 보배 손을 잡았는지도 사실 기억이 안 날 정도라니까.

"괘, 괜찮아?"

내가 떨리는 목소리로 물었어. 그런데 보배는 잡아 줘서 고맙다는 말은커녕 건방진 표정으로 고개만 까닥하는 거야. 아무리 예뻐도 그런 행동은 맘에 들지 않아. 그치? 도움을 받았으면 고맙다고 말하는 게 당연한 거 아니야?

2 성숙하지 않은 사람들

아저씨가 자동차 시동을 걸려고 했지만 차에서는 크륵크륵 소리만 날 뿐 시동은 걸리지 않았어.

"견인차를 불러야겠어."

아저씨가 신경질을 팍팍 내며 어딘가로 전화를 걸었어. 누군가에게 상황 설명을 하는가 싶더니 또 막 화를 내는 거야.

"뭐라고요? 지금 그걸 말이라고 해요? 기다리라니! 그러다 얼어 죽으면 당신들이 책임질 거야! 담당자 바꿔! 아니 당장 사장

바꿔! 내가 비싼 돈 내고 이 차를 샀는데 그만한 서비스가 따라와 야지!"

아저씨는 마치 벌에 쏘여서 날뛰는 불곰 같았어. 아저씨 얼굴이 금세 빨갛게 달아올랐어. 목에 핏대를 세우며 소리를 지르는데 그러다 핏줄이 터질까봐 조마조마했다니까. 그래서 나는 아저씨의 목에 선 핏대에서 눈을 뗄 수가 없었어.

"조금 있으면 해가 완전히 질 텐데. 누추하지만 우리 집에서 하룻밤 쉬고 내일 견인차를 부릅시다."

할아버지의 제안에 아저씨가 전화를 확 끊었어.

"서비스 정신이 이 따위니 차가 잘 팔리겠어! 캭, 퉤!"

할아버지 앞에서 침까지 뱉다니! 아저씨의 매너는 완전 꽝이야. 이런 아저씨한테서 어떻게 나보배 같이 예쁜 애가 나왔을까? 나는 아저씨 행동을 보며 잔뜩 눈살을 찌푸렸어. 아무리 봐도 아저씨는 미성숙한 어른이야.

"여기서 집이 멉니까?"

할아버지께 말하는 아저씨의 태도도 영 맘에 들지 않았어. 아저씨 말대로 동상에 걸릴지도 모르는 가족을 구해 주는 건데 감사하다는 말은 못할 망정 저 퉁명스런 말투는 뭐람.

"어서 내려! 이 영감님 댁에서 하룻밤만 쉬고 내일 견인차를 부르게."

"뭐라고요? 요즘 세상이 어떤 세상인데. 모르는 사람을 따라간다는 거예요? 그리고 이 새 차를 여기에 두고 간단 말이에요? 난 여기서 견인차 올 때까지 기다릴 거예요."

아줌마가 우리 앞에서 그렇게 말했어. 나도 차츰차츰 화가 나가 시작했어. 그래서 할아버지의 소매를 잡아당겼어. 할아버지께서 나를 보았을 때 나는 입 모양으로 말했어. 그냥 가요, 할아버지.

"그럼 어떡해? 견인차는 언제 올지 모른다는데. 그럼 여기서 얼어 죽겠다는 거야? 차는 시동이 안 걸려서 히터도 못 틀어. 시동도 걸리지 않는 차를 누가 주워 가? 보배, 어서 내려! 캭, 퉤!"

보배네 식구 세 사람이 우리 앞에 나란히 섰어. 그런데 엄마. 아저씨랑 아줌마랑 보배는 흙을 밟아 본 사람 같지가 않았어. 신발이 전부 새 건데 과연 새 신발로 산길을 걸을 수 있을까 의문이었어. 게다가 아줌마 신발은 뾰족구두였어. 뾰족구두로 눈 덮인 산길을 걷는다니. 나는 고개를 절레절레 흔들었어.

과연 보배네 식구가 우리 집에서 잘 수 있을까? 한눈에 봐도 시골하고는 거리가 먼 사람들이야. 장담하건데 보배네는 할아버지 집을 보는 순간 그냥 바로 돌아 나올 거야.

"내일 아침에는 무슨 일이 있어도 이 시골에서 벗어나야 해요. 그래야 29일 약속 시간에 늦지 않을 수 있다고요."

아줌마가 트렁크에서 가방을 꺼냈어.

"당신만 약속 있는 줄 알아? 나도 회사에 아주 중요한 약속이 있다고!"

"난 약속 같은 거 없는데."

보배가 차에서 가방을 꺼내며 말했어. 그러자 아줌마가 보배를 째려보았어. 아줌마 눈매가 못된 마녀 같았어. 어떻게 자기 딸을 저런 눈으로 보냐. 무서워. 으, 오싹 소름이 돋았어.

아줌마는 가방을 질질 끌며 앞장을 섰어. 나는 아줌마의 뒷모습을 보며 키득거렸어.

엄마, 난 태어나서 그렇게 긴 모피 코트는 처음 봤어. 보배 엄마는 키도 작은데 옷 좀 줄여서 입지. 모피 코트로 눈길을 쓸면서 걷더라니까. 마치 붉은 곰 한 마리를 어깨에 이고 질질 끌고 가는 것 같았어. 뾰족구두에 곰 한 마리를 질질 끌고 가는 모습이라니. 오죽했으면 내가 달려가서 그 곰 한 마리를 들어 주고 싶더라니까.

동물을 죽여서 옷으로 입고 다니는 건 싫어. 아마 엄마가 여기 있었다면 보배 엄마랑 동물보호 문제로 한바탕 싸웠을 거야. 어떤 동물인지는 몰라도 보배 엄마 어깨에 질질 매달려 가는 동물이 불쌍했어. 옷으로 만들어지지 않았다면 산 속 어디에서 자유롭게 뛰어다녔을 텐데. 후, 한숨이 절로 나더라.

그리고 엄마, 겨우 하룻밤 있을 건데 옷 가방을 전부 가지고 가는 이유도 모르겠어. 옷 가방이 무슨 이삿짐 같아. 할아버지 집으로 이사 가는 것 같잖아.

"젊은 양반, 눈길이라 힘들 텐데 필요한 소지품만 가지고 가면 어떻겠소?"

아줌마는 마녀 같이 눈을 치켜뜨며 말했어.

"차를 두고 가는 것도 불안한데 짐까지 두고 가라고요?"

그리고 길도 모르면서 무거워 보이는 가방을 끌고 할아버지와 나를 앞질러 걸어가기 시작했어. 아저씨와 보배도 눈길 위에 선명하게 나 있는 가방 바퀴 자국을 따라 움직였어.

보배가 지나가면서 물었어.

"너희 할아버지 집은 전원주택이니? 방은 몇 개 있어? 난 가족끼리도 같이 안 자는데."

난 어리둥절했어. 전원주택이라니? 그게 뭐야? 정원이 있는 집을 한국에선 전원주택이라고 불러? 이런 산속에 전원주택이 있을 거란 생각을 어떻게 하는지 몰라.

보배는 생각이란 것을 하면서 사는 걸까? 보배네 식구 모두 생각 없이 사는 사람들 같았어. 난 한마디 하지 않을 수 없었어.

"앞마당엔 앞산이 있고 뒷마당엔 뒷산이 있지."

"그래? 그럼 자는 건 걱정 안 해도 되겠네."

그러더니 보배는 엄마 뒤를 졸졸 따라갔어.

헹, 아마 기절할 거다. 내 말이 틀린 말은 아니잖아. 보배네는 할아버지 집을 보고 과연 어떤 표정을 지을까?

"아니, 누구 맘대로 저리로 가는 거야? 아주 산을 넘어가겠네. 길도 모르면서 자기들 맘대로 가기는."

할아버지께서는 앞서 가는 보배네 뒷모습을 보면서 싱글싱글 웃으셨어. 나는 보배네가 더 멀어지기 전에 불러 세웠어.

"그쪽이 아니에요! 그렇게 계속 걸어가면 산 정상에 오를 수 있거예요!"

순간 아줌마, 아저씨, 보배가 무섭게 뒤를 돌아봤어. 엄마가 그 표정을 봤어야 했는데……. 순식간에 달려와서 잡아먹을 기세였다니까.

"아니, 그럼 진작 말을 했어야지!"

아줌마가 내려오며 소리를 질렀어. 물어보지도 않고 먼저 앞으로 걸어간 사람들이 누군데 그래.

아저씨가 자리에 털썩 주저앉으며 담배를 꺼냈어.

"산에서 담배 피우면 안 되는데요!"

내가 말렸지만 아저씨는 아랑곳하지 않고 담배에 불을 붙였어. 그리고 이제야 살겠다는 표정으로 숨을 길게 내쉬었지.

"어떻게 산에서 담배 피울 생각을 하실까? 너희 아빠는 자연보호도 모르니?"

내가 보배한테 말했어.

"자연보호? 해야지. 아빠는 물 없이 살아도 담배 없이는 못 살아. 자연도 아빠가 살아 있어야 보호하지. 죽은 아빠가 자연을 보호할 순 없잖아."

그리고 관심 없다는 표정을 지으며 내 옆을 지나갔어.

"아니, 뭐 저런 애가 다 있냐."

나는 보배의 말에 어이가 없었어. 아니나 다를까 아저씨는 불씨가 남아 있는 담배꽁초를 아무렇게나 휙 버렸어. 할아버지께서 담배꽁초의 불씨를 끈 후에 꽁초를 주워 주머니에 넣으셨어.

"아니, 영감님. 눈 위라 자연히 젖을 텐데. 뭘 그렇게까지 하십니까."

할아버지께서는 아저씨 말에 빙그레 웃더니 앞서 걸으셨어. 아줌마, 아저씨, 보배, 나는 할아버지의 뒤를 묵묵히 따라 걸었어.

3 겉모습이 다가 아니야!

"그런데 너희 할아버지는 나무꾼이셔?"

보배가 물었어.

"뭐?"

보배가 할아버지와 나의 등에 들린 지게를 가리켰어.

"눈에 보인다고 그게 전부는 아니거든. 우리 할아버지는 도예가
이셔."

"도예가?"

"도자기 굽는 장인."

그제야 보배가 고개를 끄덕였어.

"넌 그럼 이 산골에서 할아버지랑 둘이 사는 거야?"

"아니. 난 베를린에 살아. 방학 때마다 할아버지 댁에 와서 할아버지 일을 돕고 있어."

"베를린?"

"그래."

보배가 의외라는 듯이 나를 봤어.

"왜 베를린에 살아?"

"아빠가 베를린 대학에서 철학을 강의하셔. 엄마는 베를린에 있는 세계 환경단체에서 일하시고."

"그럼 아빠가 대학교수라는 말이야?"

갑자기 아줌마가 뒤를 돌아보며 나한테 물었어. 나는 고개를 끄덕였어.

"하긴 철학해서 가족을 먹여 살리려면 교수가 가장 적당하지. 세계 환경단체라면, 엄마는 자원 봉사자인가 보구나."

아줌마는 빈정거렸어. 나는 아줌마의 뒷모습을 무섭게 째려보았어. 잘 알지도 못하면서 남의 직업을 무시하는 태도잖아. 아줌마도 성숙하지 못한 어른이야.

"할아버지도 원래 철학 교수셨는데 그만두고 지금은 도자기 굽는 일만 하셔."

"뭐, 지금 당장 확인할 길이 없으니 일단 믿어는 주지."

뭐야? 나는 찰랑거리며 앞서 가는 보배의 긴 머리카락을 확 잡아당기고 싶었어.

나는 할아버지와 내 모습을 쓱 훑어보았어. 하긴 내가 봐도 내가 한 말이 믿기지 않겠더라고. 할아버지를 봐도, 나를 봐도 나무꾼 이상의 모습으로는 보이지 않았어. 나는 할아버지 옆으로 잽싸게 걸어갔어.

"할아버지, 앞으로는 예술가답게 입고 다니세요."

나는 할아버지만 들리도록 속삭였어. 할아버지가 나를 보았어.

"그렇잖아요. 할아버지 모습이 도예가처럼 보이지 않고 꼭 나무꾼처럼 보여요."

"허허허, 녀석도 참. 나무꾼처럼 보이는 게 뭐냐?"

나는 지게와 할아버지의 옷을 가리켰어.

"지게를 벗고 옷을 좀 달리 입으면 도예가처럼 보이겠냐?"

나는 고개를 끄덕였어.

"겉모습을 보고 도예가라는 모습을 읽을 수 있다면 그건 도예가로서 실패한 거란다. 도예가는 겉모습으로 말하는 게 아니고 도자기로 말하는 거야. 겉모습은 그저 보기 좋은 허물일 뿐이란다."

"아무리 겉모습이 중요하지 않다고 하지만 내 나이 또래 애들한테는 중요해요. 보배한테 할아버지가 도예가라고 했지만 믿질 않아요."

나는 입을 뾰로통하게 내밀고 말했어.

"순수한 마음으로 사람을 본다면 상대방이 어떤 옷을 입고 있어도 상대방의 진짜 모습을 볼 수 있단다."

"그러니까 할아버지는 보배네가 순수하지 않다는 말씀을 하고 싶으신 거죠?"

그래! 할아버지 말씀이 맞아. 보배네는 순수하지 않아. 그러니까 내가 한 말도 못 믿지.

나는 뒤에 처져서 걸어오는 보배네를 돌아보았어. 침을 뱉으며 걷는 아저씨, 곰 한 마리를 질질 끌고 걷는 아줌마, 그리고 새치름하게 눈을 내리깔고 걷는 보배.

"할아버지 말씀을 듣고 보배네를 보니 어느 누구도 순수하게 보이지 않네요."

나는 비밀 얘기를 하듯 더욱 작게 할아버지께 말했어.

"녀석도 참. 내가 한 말에 다른 사람들을 그렇게 판단하다니. 그들을 본지 이제 겨우 1시간이 지났을 뿐인데. 벌써 그들에 대해서 다 안다는 거냐?"

"네."

나는 단호하게 말했어.

"녀석도 참. 자연이는 성격도 급하구나. 겪어 보지도 않고 벌써 결론을 내리다니. 내가 한 말에 그렇게 판단을 하는 것도 다 선입견이란다."

"하지만 할아버지께서 보배네가 순수하지 않다고 하셨잖아요."

나는 할아버지를 보았어.

"그렇게 들렸냐? 내가 말한 것은 순수한 마음으로 상대방을 봐야 상대방의 진짜 모습을 볼 수 있다고 한 게야."

"그 말이 그 말 아니에요?"

나는 고개를 갸웃거렸어. 엄마, 그게 그거 아니야? 다른 거야?

"자연이도 지금 순수한 마음으로 보배네를 보지 못하고 있는 것 같구나."

그리고 할아버지께서는 허허허 웃으시며 점잖게 내 머리를 쓰다듬으셨어.

　나는 다시 뒤를 돌아보았어. 그래도 엄마, 보배네는 아무리 봐도 성숙하지 못한 어른 두 명에, 건방진 아역 탤런트 한 명으로 이루어진 가족인 것 같아. 내가 뭘 잘못 봤다는 건지 할아버지 말씀을 이해할 수 없었어.

4 그림 같은 집

할아버지 집에 도착했을 때, 처마 끝에 매달린 작은 물고기 풍경과 등불이 바람 때문에 심하게 요동을 치고 있었어. 우리가 걸어온 산길은 완전히 어둠에 휩싸여 전혀 보이지 않았어. 엄마도 알지? 겨울 산의 밤이 얼마나 새까만지. 이 세상에 겨울 산의 밤보다 더 까만색은 없을 거야.

보배네는 쓰러지기 일보 직전이었어. 아줌마랑 보배는 할아버지 집을 보자 입을 벌린 채 그 자리에 주저앉고 말았어. 엄마가 할

아버지 집을 빗대어서 하는 말 있잖아. 한 폭의 동양화 속에서나 볼 수 있는 집. 말 그대로 초가집!

그래도 할아버지 집에 방이 두 개나 있으니 얼마나 다행이야. 안 그래? 이런 산속에 방이 두 개나 있는 초가집이 어디 흔한가? 나는 꽁꽁 얼어 버린 보배네 얼굴을 보고 싱글거리며 지게를 마당 한쪽에 내려놓았어.

"자연아, 손님들을 방으로 안내해 드려라. 이봐요들, 몸이 얼었을 테니 들어가서 몸 좀 녹이고 있어요. 내 얼른 저녁상을 가지고 가리다."

할아버지께서는 지게를 평상 옆에 내려놓고 부엌으로 들어가셨어. 그때까지도 보배네는 사립문 앞에서 한 발자국도 움직이지 못하고 있었어.

"거기 그렇게 서 있다가는 진짜 얼어 죽습니다. 얼른 올라오세요. 얼른요!"

산속에서 불어오는 바람이 어찌나 매서운지 귀가 떨어져 나갈 지경이었어. 나는 아줌마와 보배가 들고 있던 가방을 마루 위로 옮겨 놓고 먼저 방으로 들어가 등불을 켰어.

나는 이불이 펼쳐진 따뜻한 아랫목에 꽁꽁 언 손과 발을 쏙 집어넣었어. 온몸으로 따뜻한 기운이 스멀스멀 올라왔어. 몸을 녹이고 있으려니 보배네가 방문을 열고 배꼼이 얼굴을 내밀었어.

"이쪽으로 앉으세요."

나는 아랫목을 가리켰어. 보배네는 방에 들어와서도 문 옆에 어색하게 서서 방 안을 둘러보았어. 그러다 보배와 눈이 마주쳤어. 그런데 엄마, 그 애의 눈빛이 어땠는지 알아? '너 이런 곳에서 살아? 안됐다······.' 이런 눈빛이었다니깐. 내참, 기가 막혀서 할 말이 없더라고.

할아버지께서 상을 들고 들어오셨어. 할아버지께서 상을 내려놓으시고 보배네를 아랫목에 앉히셨어.

"이 방에서 밥 먹고 쉬고 있으면 건넛방도 곧 따뜻해질 테니 그때 건너가서 자도록 하시오."

"나 원 참! 아니, 아직도 이런 곳이 있습니까? 대한민국에 전기가 안 들어오는 집이 아직도 있어요? 나 원 참. 하."

아저씨께서 어이가 없다는 듯이 콧바람을 힝힝 불었어.

보배네는 할아버지께서 내려놓은 상을 곁눈질로 슬쩍 보았어. 난 배고파 죽겠는데 아무도 밥 먹을 생각을 하지 않는 거야.

꼬르륵. 보배네가 내 배를 봤어. 할아버지의 대표 음식인 김치찌개 냄새를 맡자 나는 정신을 차릴 수가 없었어. 배에선 빨리 김치찌개를 넣어 달라고 꼬르륵거리지, 군침은 자꾸 돌지.

"할아버지 집에는 김치 밖에 없어요? 난 집에서도 김치 안 먹는데."

보배가 말했어. 나는 보배를 때릴 듯이 째려보았어.

"그냥 건넛방에 있을게요. 좀 추워도 파카 덮고 있으면 괜찮아요."

"우리 애는 이런 거 안 먹어요."

보배랑 아줌마가 이렇게 속을 뒤집어 놓고 방을 나갔어.

"나 원 참. 아직도 문명의 힘이 닿지 않는 곳이 있다니."

아저씨도 방을 나가면서 '나 원 참'을 몇 번이나 했는지 몰라. 보배네 식구가 방을 나가자 나는 할아버지를 보았어.

"먹기 전에 건넛방에 불 켜 주고 숭늉을 좀 갖다 주거라. 그래도 따뜻한 게 속에 들어가면 추위가 덜할 게다."

나는 정말 갖다 주기 싫었지만 할 수 없이 할아버지의 뜻을 따랐어. 마루로 나와 보니 아저씨, 아줌마, 보배가 건넛방에 들어가지 않고 마루에 서 있는 거야.

"어두워서."

그럼 불을 켜면 될 거 아냐. 엄마, 나 보배네가 한심해 죽는 줄 알았어. 난 방으로 들어가서 등을 켜 주며 말했어.

"숭늉 갔다 놨어요. 따뜻할 때 드시래요."

숭늉을 놓고 다시 안방으로 들어가려는데 아저씨가 또 한마디 했어.

"나 원 참. 전기를 안 쓰다니. 너희 할아버지 대단하신 분이다. 이런 집에서 전기 쓴다고 전기 값이 얼마나 나오겠냐? 나 원 참."

"그렇게 싫으시면 지금이라도 내려가세요."

나는 단호하게 말했어.

"넌 우리가 좋아서 여기 있는 줄 아니? 걱정 마라. 내일 날 밝는 대로 내려갈 거다."

아줌마도 지지 않고 말했지.

보배가 건넛방으로 들어가자 아저씨, 아줌마도 따라 들어갔어. 나는 건넛방을 오래도록 쳐다봤어.

나는 안방에 들어와서 할아버지의 김치찌개를 우적우적 먹었어. 세상에서 가장 맛있는 김치찌개를 먹으니 보배네 가족한테 났던 화가 조금은 풀리는 것 같았어.

"자연아, 건넛방에 이불, 베개 좀 가져다 드려라."

할아버지께서 겨울 요와 이불을 챙겨 주셨어.

"그럼 우린 뭘 깔고 덮어요?"

"우린 이걸 덮고 자면 되잖니."

엄마, 할아버지께서 뭘 꺼내신 줄 알아? 여름용 얇은 이불을 꺼내시더라니까! 나는 간신히 화를 참고 요랑 이불, 베개를 들고 건넛방으로 갔어.

5 자연이는 산이 좋아!

"이거 덮으세요."

보배네 가족이 내가 내려놓은 요, 이불, 베개를 멀뚱히 바라보았어.

"지금 우리보고 이걸 덮으라고?"

아줌마께서 엄지와 검지로 요와 이불의 귀퉁이를 살짝 들추어 보시는 거야.

"할아버지께 됐다고 말씀 드려라. 우린 이거면 됐다고."

그리고 아줌마께서 집으로 올 때 눈길을 쓸면서 이고 온 곰 털을 들어 보이시는 거야.

"내일 내려가려면 이거 덮고 주무세요. 안 그러면 감기 걸려서 내일도 못 내려가요!"

나도 모르게 소리를 지르고 말았어. 엄마, 나까지 성격이 이상해지는 것 같았어.

"왜? 우리가 내일도 여기 있을까봐 걱정돼?"

보배가 나를 올려다보며 말했어. 나는 눈을 부릅뜨고 보배를 본 후에 방문을 확 닫았어. 마음 같아서는 방문에 붙어 있는 창호지에 다 구멍을 내고 싶었어. 그래야 겨울 산이 얼마나 추운지 무서운 맛을 알지.

안방으로 들어가려는데 여전히 아저씨와 아줌마가 다투는 소리가 들렸어.

"내 말처럼 차에 있었으면 이런 일이 없잖아요. 옷 망가지고 신발은 엉망이 되고. 이게 무슨 꼴이에요?"

"당신만 화나는 줄 알아? 나라고 이렇게 될 줄 알았겠어!"

"그러게 내 말대로 방콕으로 갔으면 이런 일은 없었잖아요!"

"아니, 바빠 죽겠다는 사람한테 애초에 시간을 내라는 게 잘못이지."

"요도 그렇고 이불, 베개, 다 냄새가 나는 것 같아. 으! 벌레가
온몸에 기어 다니는 것 같아."

아줌마는 있는 대로 짜증을 내며 말했어. 나는 그만 방문을 확
열고 갖다 줬던 것들을 죄다 들고 나올 뻔했어.

"이게 다 당신 때문이에요! 운전 하나 제대로 못해서 나무에 박
히기나 하고."

"뭐? 이게 왜 내 잘못이야! 당신은 잘못 없어? 스노우 체인만
있었어 봐!"

"엄마, 아빠. 그만해. 밖에서 다 듣겠어."

"들으면 어때! 내가 뭐 틀린 말 했어?"

보배의 말에 아줌마가 더 크게 소리쳤어. 나는 고개를 절레절레
흔들며 안방으로 건너왔어.

"할아버지, 아무리 순수한 마음으로 보배네 가족을 보려고 해도
보배네 가족의 진짜 모습이 보이질 않아요."

"왜 또 그러니?"

"기껏 우리 이불 갖다 줬더니 냄새가 난다느니, 벌레가 있다느
니. 그건 예의가 아니잖아요. 그러면서 아저씨랑 아줌마랑 막 싸

위요."

"그러냐? 싸움을 해 봐야 상대방을 더 잘 알 수 있는 거란다."

"할아버지, 할아버지는 보배네 가족이 얄밉지도 않으세요? 기껏 도와줬더니 남의 마음도 모르고. 전기 없는 집이라고 원시시대 취급이나 하고."

"하하하. 21세기에 전기가 없으면 원시시대에 사는 거 맞다. 아저씨가 잘 봤구나."

그리고 할아버지는 얇은 이불 속에 몸을 누이셨어.

"할아버지!"

할아버지께서 껄껄껄 웃으셨어. 할아버지께서는 정말 화가 안 나실까? 난 화가 나서 미치겠는데.

"할아버지, 보배네 가족은 왜 그렇게 불만이 많을까요? 어쩌면 저렇게 불만투성이인 모습이 진짜 모습일지도 몰라요."

귀를 기울여 보았어. 아직도 건넛방에선 싸움이 계속되고 있는 소리가 들렸어.

"낯선 환경에 오면 두렵지 않겠니? 너도 처음 이 산골에 왔을 때 컴퓨터도 못하고 화장실도 불편하다고 투정을 부렸잖니?"

할아버지 말씀에 뜨끔했어. 하긴 나도 처음에 이곳에 왔을 때

굉장히 심심했었지.

"나도 사흘이 고비였는데. 여기서 아빠랑 농사도 짓고 할아버지 따라 도자기도 만들면서 지내니까 컴퓨터 없이도 살겠더라고요. 도시에선 컴퓨터만한 친구가 없었는데. 그리고 화장실은, 산속이 전부 화장실인걸요, 뭐. 히히히."

할아버지도 내 말을 들으시고는 껄껄 웃으셨어.

"보배네 가족도 이곳에서 사흘만 보내면 전기 없이도 생활할 수 있지 않을까요? 그러면 나처럼 산을 좋아하게 될 텐데."

"글쎄다. 우리가 산을 좋아한다고 보배네 가족까지 산을 좋아할지 모르겠구나."

"할아버지 말씀처럼 순수한 마음으로 산을 보고 이곳 생활을 즐기면 산을 좋아하는 게 가능하지 않을까요?"

"허허허허. 자연이가 정말 많이 컸구나. 그런 생각을 다 하고."

할아버지께서 내 머리를 쓰다듬어 주셨어.

건넛방에서는 싸움이 멈추질 않았어. 나는 건넛방에서 나는 소리를 듣다가 곤하게 잠이 들었어.

세상의 진실과 현상학적 태도

여러분도 보배 가족처럼 전깃불도, 컴퓨터도, 텔레비전도 없는 자연이 할아버지의 생활이 불편해 보이나요? 물론 컴퓨터나 텔레비전에 익숙한 생활을 하고 있는 사람이라면 당연히 할아버지가 불편하게 살고 있다고 생각할 수도 있겠죠. 그렇다면 자연이와 자연이 할아버지도 스스로 불편하다고 느끼며 사는 걸까요?

그렇지 않습니다. 그러한 불편함은 자연이와 자연이 할아버지는 느끼지 못합니다. 보배네 가족만이 느끼는 불편입니다.

우리는 평소 자신이 가지고 있는 선입견에 따라서 세상을 보곤 합니다. 하지만 그래서는 세상을 있는 그대로 진실되게 볼 수 없습니다. 선입견에 의해 왜곡된 세상만이 나타날 뿐이지요. 우리는 그처럼 왜곡되어 나타나는 세상의 모습을 참된 것으로 착각할 수도 있습니다.

세상을 있는 그대로 보기 위해서는 어떤 태도가 필요할까요?

후설의 현상학은 선입견을 버리고 세상의 진실을 볼 수 있는 한 가지 방법을 제시하고 있어요. 현상학은 먼저 우리의 때 묻은 정신을 깨끗하고 순수하게 닦아낼 것을 강조합니다. 맑고 순수한 정신의 눈으로 세상을 보면 참모습을 볼 수 있다는 것이죠.

후설은 그러한 순수한 정신을 가지고 '사태 자체로 돌아갈' 것을 요구하고 있습니다. '사태 자체'란 세상의 진실을 말합니다. 모든 선입견이나 편견을 닦아 낸 백지상태에서 세상을 바라본다면, 우리에게 드러나 있는 세상이 있는 그대로의 진실된 모습으로 다가올 것입니다. 그것이 바로 현상학적으로 세상을 바라보는 태도입니다.

보배네 가족이 자연이 할아버지의 생활을 불편하게 여기는 것도 도시 문명이 익숙하고 편리하다는 선입견을 가지고 있기 때문입니다. 이러한 선입견 때문에 자연이 할아버지의 삶을 있는 그대로 보지 못하게 되는 것이죠. 보배네 가족은 도시 문명이 더 뛰어나다는 선입견을 버린다면 자연이 할아버지의 생활이 불편하지 않을 것입니다.

판단을 중지하고 세상을 있는 그대로 보라

 판단중지는······ 사실들의 가장 위대하며 가장 훌륭한 면을 드러내 준다.

— 에드문트 후설

1 눈아, 계속 내려라!

"캬, 어떡해? 어떡해! 여보, 빨리 나와 봐!"

캬! 무슨 일이야? 아줌마 비명 때문에 난 잠에서 벌떡 깼어.

이건 아줌마 목소리 아니야? 나는 부스스 일어나 졸린 눈을 하고 마루로 나갔어. 그런데 엄마, 무슨 일이 생긴 줄 알아? 밤새 내린 눈 때문에 세상이 온통 하얀색이었어. 우린 하얀 세상에 갇힌 거야.

"무슨 일이야?"

아저씨도 잠이 덜 깬 모습으로 마루로 나왔어.

"뭐야? 뭐야! 눈이잖아. 내 핸드폰, 내 핸드폰 어디 있어?"

아저씨는 다시 방으로 들어가서 핸드폰을 들고 나왔어.

"우린 눈의 나라에 갇힌 거야."

"아, 깜짝이야!"

언제 나왔는지 보배가 내 귓등에 대고 말했어. 키득대며 마루에 앉아 눈을 바라보는 보배는 아저씨, 아줌마와는 달리 눈 속에 갇힌 걸 즐거워하는 것 같았어.

"망했어, 망했어. 우린 이제 망했어. 이래서야 어디 29일까지 서울로 가겠어?"

아줌마가 마루에 털썩 주저앉았어.

"아니, 뭐야 핸드폰이 안 터져! 나 원 참. 요즘 세상에 핸드폰이 안 터지는 곳이 있어? 나 원 참."

아저씨가 핸드폰 뚜껑을 거칠게 닫았어. 나는 보배네 가족을 천천히 둘러봤어. 다들 어젯밤을 잘 지내지 못한 얼굴들이었어. 아줌마는 화장이 좀 지워졌는데 눈썹이 반이나 날아갔고 아저씨 머리는 완전히 까치집이었어. 뒷머리가 움푹 들어간 것이 베개를 벤 흔적이 또렷했어.

그런데 보배는 좀 피곤해 보이긴 해도 어제와 별로 다르지 않았어. 여전히 예쁘더라고.

할아버지 모습은 안 보였지만 마당에 비질한 자국을 봐서는 집 주변을 쓸고 계신 것 같았어. 나도 비를 들고 마당으로 내려왔어.

"우왁!"

엄마. 나 눈밭을 디디다 고꾸라질 뻔했지 뭐야? 글쎄, 눈이 무릎까지 빠지는 거야. 눈이 정말 이렇게까지 많이 온 줄은 몰랐어. 밤새도록 내린 눈으로 눈싸움도 하고 눈사람도 만들면 딱 좋겠는데 말이야.

"속았어. 너희 할아버지 어디 계시니? 우리가 어떤 사람인 줄 알고 우리를 이런 말도 안 되는 곳으로 끌고 와!"

아줌마가 이를 악 물면서 나를 노려보는 거야. 아줌마의 두 눈에서 이글이글 불이 타올랐어. 나를 때릴 기세로 씩씩대는 아줌마가 정말 무서웠어. 그때 할아버지께서 나타나지 않았더라면 나는 분명 아줌마한테 맞았을 거야.

"자연이가 뭘 잘못했나요? 무슨 일입니까?"

할아버지께서 한 손에 비를 들고 집 뒤편에서 나오셨어.

"무슨 일? 그건 영감님이 더 잘 아시잖아요!"

아저씨가 버럭 화를 냈어. 나는 아저씨가 할아버지께 달려들까 봐 조마조마했어. 할아버지께서는 부엌에서 빗자루를 하나 더 가지고 와서 아저씨 발 앞에 내려놓으셨어.

"눈은 앞으로 사나흘 더 있어야 그칠 거요. 그렇게 내려가고 싶으면 이 비로 쓸면서 내려가시오."

말씀을 마친 할아버지께서 계속 마당을 쓰셨어. 나도 아줌마와 아저씨를 흘끔흘끔 노려보며 마당을 쓸었어.

"뭐라고요? 사나흘? 미치겠네. 회사 앞날이 걸린 큰 회의가 있는데."

"29일에 노감독하고 약속 있는데 어떡하니? 보배야."

아줌마는 거의 울기 직전이었어. 아저씨 얼굴이 붉으락푸르락 변하는데 글쎄, 엄마도 봤으면 깜짝 놀랐을 거야. 생명의 은인에게 감사하기는커녕, 진짜 웃기는 사람들이야.

아저씨는 씩씩대며 건넛방으로 휙 들어가 버렸어. 아줌마도 문을 쾅 닫고 들어갔어.

"저러다 우리 문 다 부서지겠다."

아니나 다를까, 건넛방에서 또 싸우는 소리가 들리기 시작했어.

"또 싸워? 도대체 어제부터 몇 번을 싸우는 거야? 아니, 왜 지

난 일로 싸우냐고! 밖에서도 이렇게 싸우는 걸 보면, 집에선 어떠
실지 안 봐도 뻔하다."

혼잣말을 하며 마당을 쓰는데 마루에 보배가 앉아 있었어. 보배
는 주머니에서 이어폰을 꺼내 귀에 꽂았어. 혹시 내가 한 말을 들
었나?

2 로마에 가면 로마법을 따르라

"애! 여기 화장실 어디니?"

보배가 물었어. 아저씨랑 아줌마는 소리 높여 싸우는데 보배는 아무렇지도 않아 보였어.

"따라와."

나는 보배를 데리고 뒤편으로 갔어. 변소까지 갈 수도 있었지만 눈이 너무 많이 쌓여 거기까지 가기가 힘들 것 같았어. 이미 할아버지께서는 뒤편에 쌓인 눈을 쓸고 작은 구덩이 몇 개를 만들어

놓으셨어. 할아버지께서도 나랑 같은 생각을 하신 거지.

"여기서 볼일 봐. 큰 거 본 후에는 옆에 쌓인 흙으로 덮으면 될 거야."

나는 구덩이 옆에 쌓인 흙과 그 옆의 삽을 가리켰어.

"뭐? 여기서 뭘 하라고? 너 지금 장난하니?"

보배가 구덩이와 나를 번갈아 보며 어이가 없다는 듯 콧방귀를 꼈어.

"장난 아니야. 우린 눈이 많이 오면 이렇게 해결하는데. 싫으면 말아라."

"사람이 오면 어떡해?"

"큰 소리로 노래를 부르고 있어. 그러면 '아, 이곳에서 누가 볼일을 보고 있구나' 하고 알 거 아니야."

"장난하지 말고, 진짜 화장실 어디야?"

나는 손가락으로 아주 먼곳을 가리켰어.

"변소가 있긴 한데 눈이 너무 많이 쌓여서 못 가. 새벽에 할아버지께서 너희 가족 불편할까 봐 눈 맞으시면서 이 구덩이 만드신 거야."

보배가 어이없다는 듯이 계속 흥, 흥 콧방귀를 꼈어.

"화장실은 그렇다 치고 그럼 세수는 어디에서 해?"

나는 보배를 데리고 부엌으로 갔어.

"여기서 해."

보배가 눈을 동그랗게 뜨고 나를 쳐다봤어.

"여긴 어딘데?"

"보면 몰라? 부엌이잖아."

"부엌? 싱크대도 없는 부엌이 어디 있어? 이런 부엌은 옛날에나 있는 거 아니니? 이런 건 텔레비전에서나 봤는데."

보배가 마치 검사라도 하듯 부엌 여기저기를 훑어봤어.

"그러니까 이게 말로만 듣던 가마솥이야?"

보배가 신기하다는 듯이 솥뚜껑을 열었어.

"이게 바로 가마솥이야? 그럼 진짜 불을 때서 밥을 하는 거야?"

보배가 고개를 숙여 불이 타는 아궁이를 보며 물었어.

"아직도 이렇게 사는 사람들이 있구나. 그럼 수도는 어디 있어?"

나는 솥뚜껑 하나를 열고 더운 물을 떠서 대야에 부었어.

"눈이 오니까 부엌에서 세수하라고 하는 거야. 안 그러면 마당에서 하는 건데……. 다 하고 나면 마당에 물을 버려. 겨울이라

물이 어니까 부엌 문밖에 있는 저 바위 쪽으로만 버려야 돼."

그리고 나는 보배를 부엌에 남겨 두고 나왔어.

"야!"

보배가 쫓아 나와서 나를 불렀어.

"너 이름이 뭐야?"

"오자연. 넌 보배지? 물 아까우니까 아껴서 써. 로마에 가면 로마법을 따르는 거야."

나는 다시 마당을 쓸었어. 황당해 할 보배를 생각하니 키득키득 웃음이 났어. 자기가 언제 이런 곳에서 생활을 해 보겠어? 안 그래, 엄마? 어디 고생 좀 해 봐라.

보배가 부엌에서 바로 나와 건넛방으로 들어갔어. 벌써 다 씻었나 봐?

"엄마, 아빠. 똥은 뒤편의 구덩이에 싸면 되고 세수는 부엌 흙바닥에 쭈그리고 앉아서 하면 돼."

보배가 아저씨와 아줌마한테 말하는 소리가 들렸어.

"뭐라고? 이 사람들이 미쳤나?"

아저씨께서 문을 확 열고 뛰쳐나올 것만 같았어.

"여보, 여기서 빨리 나가! 화장실도 없고 세면대도 없어. 난 이런 곳에서 단 1분도 못 버텨!"

아줌마가 소리쳤어.

"눈이 이렇게 오는데 어떻게 내려가겠다는 거야?"

아저씨도 지지 않고 소리쳤지.

"그래도 난 갈 거야!"

건넛방 문이 확 열리자 아줌마가 가방을 들고 나왔어. 흘깃 보니 아줌마는 화가 잔뜩 난 여우 같았어.

"갈 때 가더라도 배는 채우고 가시오. 자연아, 손님들 식사하시라고 해라."

할아버지께서 상에 수저를 놓으면서 말씀하셨어.

나는 아침상을 보고 눈이 휘둥그레졌어. 계란찜, 콩자반, 멸치볶음, 김, 시래기나물, 김치, 그리고 된장찌개까지! 손님이 두 번만 밥 먹고 갔다가는 할아버지 식량 다 없어지겠네.

"어제 저녁부터 식사를 하지 않았으니 배가 많이 고플 거다."

"하지만 아침에 그 난리를 치시고 식사를 하겠어요? 우리한테 신경질 박박 내시고."

"그래도 어서 모시고 오너라."

나는 할아버지 뜻대로 건넛방에 가서 아침 식사를 하시라고 전

하고 돌아와 보배네 가족을 기다렸어. 곧 방문이 삐걱 열리면서 아저씨가 들어왔어. 보배와 아줌마도 손을 잡고 방으로 들어왔어.

엄마, 난 이렇게 뻔뻔한 사람들은 정말 보다 보다 처음 봐.

3 꺼져라, 중앙컴퓨터!

"꺼억."

식사를 다 마치자 아저씨는 잔뜩 부른 배를 툭툭 두드리며 트림까지 시원하게 했어.

"찬이 입에 맞았는지 모르겠군요."

할아버지께서 말씀하셨어.

"뭐, 그럭저럭 먹을 만하군요."

아저씨는 별맛 아니었다는 투로 말했어. 그럭저럭 먹을 만해?

그런데 밥이랑 찌개랑 콩자반까지 싹싹 다 비우셨나?

"많이 불편하겠지만 눈이 그칠 때까지는 머물러요."

"뭐, 별수 있겠어요? 그나저나 얼마를 드려야 합니까? 저희는 신세지고는 못 사는 성미라. 있는 동안 숙박비를 지불해야지요."

아저씨가 거드름 피듯 말했어. 아니, 이 아저씨가 우리 할아버지를 어떻게 보고 하는 말이야?

"도시 사람들이 시골 생활하긴 힘들겠지만 도시에서의 생활 방식은 잠시 잊고 여기 생활 방식을 좀 익혀 봐요. 숙박비는 그걸로 대신 받겠소."

"영감님, 죽었다 깨어나도 이런 문명이 닿지 않는 생활은 영 힘들겠네요. 사람은 자고로 과학적인 환경 속에서 살아야 한다, 이 겁니다. 그런데 여긴 영…… 꺼억."

아저씨가 배를 쓰다듬으며 말했어. 할아버지는 아저씨 말에 빙그레 웃을 뿐이었어.

"그런데 영감님, 도예가라고 하셨는데 아무리 둘러봐도 도자기가 보이질 않는군요."

"도자기는 집 위에 있는 작업실에 있어요."

아저씨는 믿지 못하겠다는 표정이었어.

"너희 아빠는 철학 교수라지? 철학이라, 대체 어떤 철학을 가르치시냐?"

아저씨께서 빈정대며 물으셨어.

"이번 학기에는 현상학을 가르치실 거래요."

나는 퉁명스럽게 말했어.

"현상? 그런 것도 학문인가? 세상에 일어나는 현상에 대해서는 신문이나 뉴스를 보면 다 아는데 그런 걸 철학이라고? 갖다 붙이면 다 철학인 줄 안다니까."

아저씨께서 비웃으셨어. 나는 아저씨의 비웃음을 보자 주먹에 불끈 힘이 들어갔어. 그런데 할아버지께서는 그저 묵묵하게 아저씨의 이야기를 듣고 계시는 거야.

"다른 사람 직업을 가지고 비웃지 마세요!"

"그만해라. 자연아."

할아버지께서 근엄한 목소리로 나무라셨어. 난 억울해. 아저씨한테 저런 말을 듣고 가만히 있어야 한다니. 속상해, 엄마.

"전 이런 사람입니다."

아저씨가 주머니에서 명함을 꺼내 할아버지께 내밀었어.

"나유해 사장님이시군요."

할아버지께서 명함을 보시고 고개를 끄덕이셨어.

"뭐, 제 자랑은 아니지만 저희 회사가 우리나라에서 다섯 손가락에 들어갈 만한 최첨단 과학기술을 보유하고 있지요. 허허허. 사실 그런 과학 시스템 안에서만 생활하다가 어느 날 갑자기 이런 곳에 뚝 떨어지니, 이것 참 많이 당황스럽습니다. 타임머신을 타고 과거로 온 것도 아니고."

아저씨는 과학기술로 휩싸인 회사 시스템을 자랑하느라 입에 침이 마를 새가 없었어.

"그런 기술을 만들어 내느라고…… 저요, 하루에 3시간 이상 자 본 적이 없습니다. 20년 동안 눈코 뜰 새 없이 달려서 이룩한 사업이지요."

아저씨는 본인 입으로 말씀하시면서 흐뭇해 하셨어.

"힘이 많이 드셨겠군요. 그런데 그 중앙컴퓨터란 것이 꺼지면 어떻게 되는 건가요?"

"그런 일은 결코 있을 수 없습니다."

아저씨는 손을 내저으며 장담했어. 나는 그 답을 알고 있지. 중앙컴퓨터가 꺼지면 회사의 모든 것들은 정지야, 정지.

"회사에 있는 모든 기계며 컴퓨터가 작동을 하지 않을 거예요.

중앙컴퓨터가 단 1분만 꺼져도 그 손해액은 어마어마할 거예요."

아저씨 대신 보배가 담담하게 말했어.

"그런 일은 없다니까!"

아저씨가 단호하게 말했어.

"그럼 회사에서 일하던 사람들은 밖으로 나가지도 못하고 건물에 갇힌 채 있어야 되겠군요. 자동도 좋고 기계도 좋지만 사람 손만한 것이 없다는 생각이 드는군요. 나 사장님께서 여기 계시는 동안 중앙컴퓨터가 꺼지지 않기를 기도해야겠네요."

"히히히히."

나와 보배는 동시에 키득거렸어. 그러다 눈이 마주쳤지. 보배는 자기 아빠 회사가 문 닫을지도 모른다고 하는데 왜 키득거려?

"뭐라고요? 영감님? 지금 악담을 하시는 거예요?"

아줌마가 씩씩대며 말했어.

"항상 뭐든지 잘 되고 있을 때 뒤를 돌아볼 줄 알아야 하지 않을까요? 20년 동안 쉬지 않고 달리셨다니. 나 사장님, 이곳에서 머리 좀 식히세요."

할아버지 파이팅! 나는 벌떡 일어나 상을 들고 나왔어. 보배도 따라 나왔어.

"너희 할아버지 대단하시다."

보배가 나를 보며 말했어.

"너희 아빠도."

우리는 서로를 보고 빙그레 웃었어. 우리가 이런 데서 성격이 맞는 줄은 또 몰랐네.

4 공부냐, 재능이냐, 그것이 문제로다

"눈 정말 많이 오네. 스키장에 쌓여 있는 눈 말고 이렇게 많은 눈은 처음 봐. 이런 곳에서 어떻게 살아? 신기해."

보배가 나를 쳐다봤어.

"난 네가 더 신기하다. 일하고 공부하고 어떻게 같이 해?"

"같이 못해. 학교는 거의 결석이야."

보배가 무릎을 끌어안은 채 무릎에 턱을 괴었어.

"거의 결석이면 친구는 있어?"

"친구? 짝꿍 정도."

"난 친구 정말 많은데. 나라면 친구를 못 사귈 바에 아예 탤런트 는 하지 않겠어."

보배가 고개를 살짝 돌려 나를 봤어. 나를 부러운 듯 본 것도 같고 아닌 것도 같고.

"친구가 밥 먹여 주니? 친구가 뭐가 그렇게 중요해? 난 친구 없어도 돼."

보배가 톡 쏘며 말했어.

"당연하지. 친구가 없다는 게 말이 되니? 나한텐 친구가 없다는 건 자장면에 자장 소스가 없다는 말이랑 똑같아. 어떻게 자장 소스 없이 하얀 국수만 먹니?"

"하얀 국수? 그럼 난 지금까지 하얀 국수만 먹은 셈이네."

보배가 피식 웃었어.

"우웩, 어떻게 국수만 먹어? 진짜 친구가 없어?"

"난 친구 없어. 그래서 인터넷에 올라온 악플도 엄마랑 나랑 둘이서 다 수습해."

"악플?"

"베를린에선 악플이란 말 안 쓰니? 인터넷에 올라온 나쁜 댓글을 말하는데. 하긴 친구가 있으면 그건 좀 편하겠다."

"뭐가?"

"친구가 많으면 시간 없는 나 대신 친구들이 안티랑 싸워 줄 거아니야. 악플 때문에 머리가 아파."

보배가 이마를 짚으며 한숨을 쉬었어.

"악플에 신경을 안 쓰면 되잖아."

"넌 바보니? 어떻게 신경을 안 써? 넌 다른 사람들이 너보고 욕을 하는데 신경 안 쓸 수 있어?"

보배가 눈살을 찌푸리며 나를 봤어.

"나라면 남이 한 말에 신경을 쓰느니 차라리 다른 것에 신경을쓰겠어. 연기 공부를 더 하거나 어떻게 하면 친구를 더 사귈 수 있나."

"흥, 교과서 같은 소리하네."

보배가 콧방귀를 뀌었어.

"할아버지께서 그러셨잖아. 도시에서의 생활은 잊으라고. 너도악플 같은 건 잊어. 남의 말에 휩쓸리면 진짜 스타가 못 되는 거나다름없어."

내 말을 듣더니 보배는 또 콧방귀를 뀌었어.

"스타? 꿈꿔 본 적 없는데."

"그럼 왜 연기를 하는데?"

"넌 베를린에 살아서 모르나 본데. 한국에서 성공하려면 죽어라고 공부만 하거나 하루라도 빨리 재능을 키우거나, 둘 중에 하나를 해야 해. 다행히 난 남들이 연기 재능이 있다고 하니까 공부를 안 하지."

나는 보배의 말에 고개를 끄덕였어.

"난 초등학교 3학년 때 베를린에 갔는데, 한국에 있을 때도 우리 부모님은 나한테 공부만 하라고 하지는 않으셨어. 내가 하고 싶은 거 다 시켜 주셨는데."

"좋겠다, 넌. 좋은 부모님 만나서. 하지만 지금도 한국에 있다면 학원 쫓아다니면서 공부만 하고 있을 걸."

보배가 비꼬는 투로 말했어.

"글쎄, 그래도 난 나 하고 싶은 거 하고 있을 것 같은데……?"

"흥, 베를린에 사는 네가 한국 사정을 어떻게 알겠니."

보배는 일어나서 마당으로 내려갔어.

"할아버지께서 그러셨는데 남이 하는 대로, 남이 하라는 대로 움직이지 말고 내가 하는 행동에 대해서 항상 반성을 하면서 내

일을 하면 그 일은 꼭 성공한다고 하셨어."

보배는 시큰둥한 표정으로 보슬보슬 내리는 눈을 맞으며 서 있
었어.

5 작업실로 가는 길

"집 위쪽에 있다는 작업실이 어디야? 한번 가 보고 싶은데."

보배가 뜬금없이 물었어. 그러더니 방으로 들어가 옷을 챙겨 입고 마당에 서서 나를 기다리는 거야. 눈이 많이 쌓여서 올라가기 힘든데도 말이야.

"왜? 작업실 없어?"

보배가 돌아보며 물었어.

"왜 없어! 따라와. 힘들다고 다시 내려가자고 하면 안 돼!"

"알았어. 어서 앞장서기나 해."

보배가 사립문을 밀고 나갔어. 나랑 보배는 할아버지의 작업실로 향했어. 눈이 무릎까지 푹푹 빠져서 걷기 힘들었어. 보배는 힘들다는 말도 없이 내 뒤를 잘 따라왔어.

나는 한참을 걷다 잘 따라오나 뒤를 돌아봤어. 그런데 엄마, 만약 내가 뒤를 돌아보지 않았다면 큰일 날 뻔했지 뭐야.

"아악!"

보배가 발을 헛디뎌서 미끄러지고 말았어. 나는 미끄러지는 보배를 잽싸게 잡으려고 팔을 뻗었지만 보배가 미끄러지는 속도가 너무 빨라 잡을 수가 없었어. 보배를 잡으려다 그만 나도 미끄러지고 말았어.

하지만 내가 누구야! 미끄러지면서 보배 파카에 달린 모자를 확 낚아챘어. 그리고 두 다리에 힘을 주고 미끄러지는 발에 제동을 걸었지. 다행히 미끄러지다 발에 큰 돌멩이가 걸려서 멈출 수 있었어. 너무 힘을 줘서 발목이 뻐근했지만 아무리 생각해도 내 운동신경은 정말 대단해. 나 아니었으면 계속 미끄러져서 집까지 내려갔을지도 몰라.

"괜찮아?"

나는 놀라서 보배를 살펴보았어. 보배는 쌕쌕 숨을 몰아쉬더니 갑자기 큰 소리로 마구 웃었어.

"하하하하하!"

나는 갑자기 터진 보배의 웃음소리에 화들짝 놀랐어. 미끄러지다 머리가 부딪쳤나? 너무 놀라서 정신이 이상해진 거 아니야?

"이거 진짜 재밌다!"

"뭐?"

보배가 나를 보고 해맑게 웃었어. 엄마, 보배는 웃으면 진짜 예뻐. 태양도 보배의 웃음처럼 빛나진 못할 거야. 나는 멍하니 보배의 웃는 모습을 보았어. 보배의 웃음소리가 산 전체로 울려 퍼졌어. 보배는 마치 처음 웃어 보는 아이처럼 웃고 웃고 또 웃었어.

"허허, 참. 얘가 미쳤나? 허허."

보배의 웃음이 나까지 웃게 만들었다니까. 보배가 물었어.

"우리 이거 또 탈까?"

"뭐?"

"눈썰매보다 백배는 더 재밌다!"

보배가 눈을 반짝이며 나를 뚫어지게 봤어. 보배가 빤히 쳐다보니까 얼굴이 온통 홍당무가 된 기분이었어. 나는 얼굴을 돌리고 엉덩이를 털며 일어났어.

"조금만 더 가면 돼. 잘 따라와."

목소리가 떨렸어. 나는 먼저 걷기 시작했어. 살짝살짝 뒤를 돌아봤는데 보배는 여전히 웃으면서 따라오고 있었어.

6 실수투성이 나보배

"여기야?"

보배가 미닫이문을 드르륵 열고 작업실 안으로 들어갔어. 작업실 안은 차가운 공기로 가득했어. 나는 얼른 난로에 나무를 넣고 불을 땠어.

"진짜. 도자기네. 너희 할아버지 진짜 도예가시구나."

내가 말할 땐 안 믿더니 보배는 선반에 놓인 도자기들을 천천히 둘러보며 입을 다물지 못했어.

"고려청자 같은 도자기는 없네. 아니, 왜 다 흙색이야?"

고려청자? 고려청자가 어떻게 만들어지는지 알기나 하나? 아는 척하기는.

"아직 초벌구이를 안 해서 그래. 눈으로만 봐. 만지지 말고."

"쨍그랑!"

그런데 내가 말한 것과 동시에 쨍그랑 소리가 나고 말았어. 나는 얼른 소리 난 쪽을 봤어.

"만지지 말라고 했잖아!"

"아니, 손에서 미끄러졌어."

나는 한숨을 푹푹 쉬며 깨진 도자기를 쓰레기통에 주워 담았어.

"할아버지께서 아실까?"

나는 보배를 째려봤어.

"당연한 거 아니야? 이거 다 짝 맞춰서 만든 거라고!"

"왜 소리는 지르고 난리야? 도자기가 별거야? 좋아. 내가 만들어 놓으면 되잖아. 흙 어디 있어? 흙 줘 봐."

보배가 작업실 안을 두리번거리며 흙을 찾았어.

"네가 도자기가 뭔지나 알아?"

아니, 어떻게 미안하다는 소리도 안 하나?

"에취! 에취!"

보배가 재채기를 했어. 바람 속을 헤치고 왔으니 감기가 걸릴 만도 하지.

"에취! 그런데 이건 뭐야?"

보배가 책상 위에 있던 내 작품을 잡았어.

"앗! 안 돼! 만지지 마!"

그런데 이번에도 내 말이 떨어지기 무섭게 작품이 망가지고 말았어.

"아, 내 컵! 엄마께 드리려고 만든 컵인데."

보배가 컵을 드는 순간 컵 밑바닥이 작업실 바닥으로 툭 떨어졌어. 보배는 아무렇지도 않게 컵 밑바닥 부분을 주워서 대충 붙여 놓고는 나를 봤어. 그리고 어깨를 으쓱이는 거야.

그 모습에 나는 완전히 얼어 버렸어. 할아버지 도자기를 깨뜨렸을 때보다 더 화가 났어. 남의 작품에 허락도 없이 손을 대다니!

"이게 컵이었어? 난 또 연필꽂이인 줄 알았지. 다시 만들어야겠다. 이렇게 만들면 아무도 컵으로 안 볼 거야."

보배는 피식 웃으며 아무렇지도 않게 말했어.

7 미안함도 고마움도 모르는 아이

"야, 나보배!"

"아, 깜짝이야."

"왜 허락도 없이 남의 작품에 손을 대? 그리고 잘못을 했으면 사과를 해야지! 그러니까 네가 친구가 없는 거야! 결석을 많이 해서 친구가 없는 게 아니라고!"

아, 마지막 말은 하지 말았어야 했는데 이미 뱉은 말을 주워 담을 수도 없고. 그렇다고 바로 '이 말은 실수였어' 하고 말할 수도 없고. 이럴 땐 어떻게 해야 해, 엄마? 아, 내가 왜 그랬을까? 보배 얼굴을 볼 수가 없어. 그런데 나도 내 허락 없이 내 물건 만지는 거 싫어.

그때 '드르륵!' 거칠게 작업실 문이 열리는 소리가 들렸어. 보배가 작업실을 나가는 거야. 진짜 화났나 봐. 달려가서 잡을까 하다가 창문 밖을 한번 내다봤어.

"어? 눈이 또 언제 이렇게 많이 왔지?"

우리가 올라왔던 발자국이 하나도 보이지 않았어. 아까 우리가 올라올 때만 해도 눈이 그칠 듯 조금씩 왔었는데 눈은 어느새 함박눈이 돼서 마구 내리는 거야. 게다가 윙윙 소리를 내며 바람도 무섭게 불었어.

나는 창문으로 보배가 어떻게 할지 지켜봤어. 설마 이런 날씨에 길도 모르는데 혼자 내려가겠어? 그런데 엄마, 보배는 눈 속으로 성큼성큼 걸어가 버리더라고. 나는 작업실을 뛰쳐나갔어. 쌩쌩 부는 겨울바람이 젖은 옷에 스며들자 온몸에 소름이 돋았어.

"나보배! 나보배!"

아무리 불러도 바람 소리 때문에 보배가 내 소리를 못 듣는 것 같았어. 아까 미끄러지면서 돌멩이에 부딪혀 뻐근했던 발목이 아

파 왔어. 그래도 아픔을 참고 보배를 놓칠세라 마구 뛰었어.

눈은 점점 거칠어지는 게 마치 차가운 모래 알갱이 같았어. 얼굴에 다닥다닥 붙을 때마다 너무 따가웠어.

그 말 했다고 삐쳐서 작업실을 나가냐! 아니, 화낼 사람이 누군데 왜 자기가 화를 내? 생각할수록 점점 더 화가 나는 거야. 발목도 그래. 누구 때문에 다친 건데. 발목이 점점 아파오자 보배 혼자가게 내버려 두고도 싶었어. 하지만······.

눈보라가 점점 더 거세졌어. 나는 발목의 아픔을 꾹 참고 더욱빠르리 뛰었어. 나는 보배의 보라색 파카 모자를 확 잡았어.

"놔!"

보배가 신경질적으로 내 손을 뿌리쳤어.

"그래. 내 못된 성격 때문에 친구 못 사귄다. 왜!"

나는 보배의 행동에 주춤했어. 기껏 눈보라 속에서 구해 줬더니 누가 누구한테 화를 내는 거야.

"기껏 구해 줬더니 넌 미안하다는 말도 할 줄 모르고, 고맙다는 말도 할 줄 모르냐!"

나는 신경질적으로 보배의 모자를 놓고 돌아서서 씩씩대며 작업실로 올라왔어.

엄마, 그렇게 말하면 안 되는 거 알지만 나도 무척 화가 났어. 작업실에 들어와서도 영 마음이 편하지 않았단 말이야.

아무리 그래도 그렇게 눈보라 속에 두고 오는 게 아니었는데. 길을 잃어버렸으면 어쩌지? 다시 나가 볼까? 아, 정말 내가 왜 그랬을까? 그냥 잘 달래서 데리고 올 걸 그랬어, 엄마.

보배를 찾으러 가야겠다는 생각에 절뚝거리는 다리로 작업실을 나서려고 했어. '보배, 어디 두고 봐라. 날 이렇게 고생시켰겠다. 나중에 내가 반드시 복수해 주마.' 그리고 손잡이를 잡았어.

그때 문이 확 열렸어. 내 앞에 보배가 긴 머리카락을 휘날리며 눈보라 속에 서 있었어. 엄마, 나 기절할 뻔했어. 기쁜 건 둘째 치고 귀신인 줄 알았다니까. 그때 보배의 모습은 산 사람의 모습이 아니었어. 순간 너무 놀라서 심장이 멎는 줄 알았어.

나는 얼른 보배를 작업실 안으로 잡아끌었어. 바람은 작업실 창문을 요란하게 흔들며 지나갔어. 타닥타닥 땔감이 타는 소리만 들릴 뿐 작업실 안에는 아무 소리도 들리지 않았어. 보배는 밀가루처럼 하얀 얼굴을 들어 나를 보았어. 나는 보배와 눈이 마주쳤지만 아무 말도 못했어. 우리는 말없이 서로 쳐다보며 서 있었어.

자연적 태도와 판단중지

보배 아빠는 첨단 과학기술을 개발하는 회사 사장입니다. 과학을 절대적으로 맹신하는 사람이죠. 과학이라는 안경을 끼고 세상을 보면, 자연이 할아버지의 생활이나, 철학, 음악, 미술과 같은 정신 활동이 비과학적으로 보일 것입니다. 그래서 자연이 아빠가 현상학을 전공하는 철학자라는 말에 보배 아빠는 비웃고 말죠. 이러한 비웃음 뒤에는 과학이 가장 확실하고 진실하다는 믿음이 있습니다. 그러나 정말 과학만이 세상의 진리일까요? 만일 보배 아빠 회사의 중앙컴퓨터가 작동되지 않는다면 어떤 일이 발생할까요? 중앙컴퓨터와 연결된 다른 모든 컴퓨터도 작동이 멈추고 결국 회사가 운영될 수 없을 것입니다.

후설은 확실하지 않은 것을 확실한 것처럼 믿거나 진실인 것처럼 말하는 태도를 "자연적 태도"라고 부릅니다. 자연적 태도는 현상학에서 비판하는 잘못된 인식입니다.

과학은 우리 인간의 삶에 편리함을 가져다주었지만, 인간 소외, 기계화, 환경오염과 같은 심각한 문제를 낳았습니다. 지구 온난화 때문에 북극의 빙하가 1년 안에 모두 녹아내릴 수 있다는 경고도 첨단 과학 문명의 폐해지요.

　현대 문명의 위기는 과학을 맹신하고 과학적 사실만을 참된 것으로 여기는 태도에서 발생했다고 볼 수 있습니다. 그렇다면 이러한 위기를 극복할 수 있는 방법은 없을까요?

　이 문제에 대한 하나의 해결책으로 후설은 '판단중지'를 제시하고 있어요. 판단이란 옳다, 그르다, 좋다, 나쁘다와 같이 대상을 인식하는 방법을 말합니다. 예를 들어 보배 아빠가 과학이 최고이고 철학은 쓸모없다고 말하는 것을 들 수 있습니다. 왜 그렇게 생각하는지는 명확하게 답하지 못하지요. 그건 보배 아빠가 선입견을 가지고 판단을 했기 때문입니다. 그래서 후설은 판단중지가 필요하다고 주장한 것입니다. 판단중지를 한 이후에 비로소 드러나는 그대로 세상을 순수하게 볼 수 있을 것이기 때문이지요.

3

존재하는 모든 것에는
의미가 있다

 나에게 있어서 세계는, 내가 의식하고 있는 모든 것과 그러한
생각 속에서 타당하게 여겨지는 모든 것들이 전부일 뿐, 다른
것이 아니다.

— 에드문트 후설

1 보배는 얄미워!

보배가 작업실로 들어와 난로 앞에 앉았어. 나도 보배를 따라 보배 옆에 앉았어.

"보배야, 미안해. 아까는 내가 너무 심하게 말했어. 하지만 너도 잘못은 했잖아."

나는 보배의 눈치를 보며 조심스럽게 말을 했어. 보배는 가만히 앉아 난로만 바라보았어.

"너한테 사과하러 온 거 아니야. 눈보라가 너무 심해서 길을 잃을까 봐 다시 온 것뿐이야."

나는 보배의 말에 뒤통수를 한 대 얻어맞은 것 같았어. 그럼 그렇지. 너한테 사과를 받으려는 내가 잘못이지. 나는 하나 남은 땔감용 나무를 난로 속에 집어넣었어. 그리고 자리에서 일어났어.

"어디가?"

"창고에 가서 나무 더 가져오려고 한다, 왜!"

나는 신경질적으로 말했어. 그러고 나서 아픈 다리를 질질 끌고 작업실 문을 확 열었어. 그런데 찬바람이 얼굴에 착 감기는 거야. 깜짝 놀라 얼른 문을 닫았어. 눈보라가 쉽게 멈추지 않을 것 같아.

"근데 다리는 왜 절어? 다쳤어?"

보배가 물었어. 나는 아무 대꾸도 하지 않았어.

"칠칠치 못하게 다치기나 하고."

"누구 때문에 다쳤는데 그래? 아까 올라올 때 미끄러지는 너 잡다가 다쳤잖아!"

보배가 나를 빤히 쳐다보다 그런 거야.

"누가 잡아 달라고 그랬니?"

"뭐?"

보배랑 더 있다가는 싸울 것 같아서 작업실을 나와 버렸어. 눈

알갱이가 얼굴을 사정없이 때리는 바람에 무지 아팠어. 눈을 뜰 수가 없어서 고개를 푹 숙였어. 그때 작업실 문이 열리는 소리가 들렸어.

"나무 창고 어디야? 손 하나만 더 있으면 나무를 더 많이 가져올 거 아니야. 저쪽이야?"

보배가 나를 가로질러 앞서 걸었어. 나는 절뚝거리며 걸어야 했기 때문에 보배를 따라갈 수 없었어. 보배가 가다 말고 다시 나에게 왔어. 그리고 자기 팔을 내미는 거야. 나는 물끄러미 보배를 봤어.

"뭘 봐? 나한테 기대."

엄마, 보배는 정말 자기 맘대로야. 남의 기분은 생각도 하지 않는 것 같아. 나는 화가 나서 보배 팔을 잡기 싫었어. 그래서 그냥 절뚝거리며 혼자 걸어갔어. 그랬더니 보배가 내 옆으로 다가와서 내 팔을 확 잡는 거야.

"고집도. 그냥 기대라니까. 아직도 삐졌냐?"

나는 아무 말도 하지 않고 보배를 쳐다봤어. 보배가 내 팔을 꼭 잡고 걷기 시작했어. 나는 할 수 없이 보배의 팔에 의지하며 걸었어.

"에취!"

우리는 동시에 재채기를 했어. 그리고 같이 코까지 훌쩍거렸어.

우리는 나무 창고를 향해 발을 맞춰 걸었어. 걸으면서 보배를 살짝 봤는데 나한테 전혀 미안해 하는 것 같지 않았어. 정말 뻔뻔스러운 아이 같으니! 나는 다리를 더욱 심하게 절뚝거리고 있었는데…….

2 신기한 가마

나무 창고로 가던 보배가 가마터를 보고 딱 멈췄어.

"저건 뭐야?"

"도자기 굽는 가마."

"무덤을 나란히 만들어 놓은 것 같아. 저건 무덤 입구 같고."

보배가 가마 입구를 가리키며 말했어. 엄마도 가마 보면서 무덤이라고 생각한 적 있었어? 보배가 말하기 전까지는 가마를 무덤이라고 생각해 본 적이 없었는데. 크기도 그렇고 반구를 엎어 놓은 모양도 그렇고, 다시 보니 가마가 무덤처럼 보이긴 하더라고.

"저 안에 뭐가 있어? 아주 깜깜해?,무서워? 뜨거워?"

"안 무서워. 지금은 불이 없으니까 뜨겁지도 않고. 도자기 올려 놓는 판만 있어."

"사람도 들어갈 수 있어?"

보배는 내가 대답하기도 전에 세 번째 가마에 들어가 버렸어.

"생각보다 안이 넓지 않네!"

보배가 가마 안에서 소리쳤어.

"그리고 무섭지도 않아! 불만 때면 일인용 찜질방에 앉아 있는 기분이겠는데? 이리 들어와 봐!"

보배가 가마 안에서 손짓을 했어. 자기가 나오면 되지, 다리 아 픈 사람한테 오라 가라야!

"빨리! 여기 조금만 있다가 같이 나무 창고로 가자."

나는 다리를 절뚝거리며 가마 안으로 들어갔어. 가마 안도 싸늘 했지만 밖에 서 있는 것보다는 훨씬 따뜻했어. 나는 보배 옆에 나 란히 앉았어.

"조금 더 따뜻했으면 좋았을 걸. 그래도 바람 맞으며 서 있는 것 보다 훨씬 좋다. 정말 신기하지? 여긴 처음 와 본 곳인데 느낌이 좋아. 포근한 느낌이랄까?"

보배가 눈을 반짝이며 계속 말했어.

"전혀 낯설지가 않아. 예전에 와 본 느낌이야. 포근한 게 마치 엄마 품 같아. 엄마 품."

보배가 가마 벽을 손으로 만지며 '엄마 품'이라고 작게 말했어. 보배 엄마 품이 정말 포근할까? 난 아줌마를 보면 '무슨 엄마가 저래? 보배보다 더 애 같잖아' 하는 생각밖에 안 들던데.

"가마에 들어오기 전에는 흙이었을 텐데 이 안에서 불을 만나면 도자기가 된다는 말이지? 신기하지 않니? 도자기 색도 다 다르던데."

"그건 어떤 흙을 쓰고 어떤 유약을 바르느냐에 따라 도자기 색이 바뀌는 거야."

"대단한데! 어떻게 그런 걸 알아?"

"그 정도야 보통이지, 뭐."

나는 어깨를 으쓱였어.

"이 안에 있으니 흙이 다르게 보여. 내가 평소에 아무렇지도 않게 밟은 흙에서 이런 도자기들이 나온다는 게 꼭 마술 같아. 아주 작은 알갱이 주제에 도자기를 만들어 내다니. 흙이 나보다 낫다."

보배가 발밑에 있는 흙을 모아 손바닥으로 톡톡 치며 말했어.

"흙이 왜 너보다 나아? 사람인 네가 더 낫지."

"글쎄, 난 그렇게 생각하지 않는데. 사람도 사람 나름이지. 나 같은 사람은…… 에취!"

보배는 뭔가를 말하려다 그만뒀어. 보배를 보니 많이 지쳐 보였어. 하루도 쉬지 않고 일을 했다니 지칠 만도 하지. 학교 가는 날이 쉬는 날이라니. 이제 겨우 열세 살인데, 보배가 안 됐다는 생각이 들었어.

"나 하나 없어진다고 세상이 무너지는 건 아냐. 하지만 세상에 흙이 전부 없어진다고 해 봐. 그럼 세상이 무너지잖아. 안 그래?"

나는 고개를 끄덕였어. 그러네. 틀린 말이 아니네.

"그러니까 나보다 흙이 더 낫지."

보배가 피식 웃었어. 어떻게 저런 생각을 할 수 있을까? 보배 말을 듣고 나니까 내가 흙보다 못한 존재가 되어 버렸어. 사람인 내가 흙보다 못한 존재라니. 엄마, 힘이 쫙 빠지는 거 있지.

3 보배의 기도

"에취!"

"에취!"

우리는 번갈아 가면서 재채기를 해댔어.

"이제 나무를 가지고 작업실로 가자. 여기 더 있다가는 얼어 죽을지도 몰라."

내가 보배를 재촉했어. 하지만 보배는 전혀 움직일 생각을 하지 않았어.

"10분만, 딱 10분만 더 있는 거야. 알았지?"

"응."

보배가 고개를 끄덕였어.

"넌 엄마 품 말고 이렇게 포근한 곳이 있어서 좋겠다. 나라면 매일 이곳에 숨어 있겠어."

보배의 표정이 어두웠어.

"여기 숨어서 사람들이 나를 찾는 걸 구경하는 거야. 정말 재미있겠지?"

보배의 표정이 금세 밝아지며 재밌어 하는 표정이 됐어.

"난 언제나 이런 곳에 앉아서 마음 놓고 쉬어 보나."

보배가 가마 벽을 톡톡 건드리며 말했어.

"진짜 너희 가족은 아빠, 엄마, 너 전부 무지 바쁜 것 같더라."

"맞아. 이번에도 차 사고가 아니었으면 얼마 쉬지도 못하고 서울로 갔겠지. 사실 나 여행 오면서 눈속에 갇히게 해 달라고 기도했어."

"뭐?"

나는 깜짝 놀라 보배를 봤어.

"근데 정말 차 사고가 날 줄은 몰랐어. 차가 눈길에서 사정없이

빙글빙글 돌 때는 정말 무서웠어. '아, 나보배 인생이 이렇게 끝나는구나' 싶더라니까 그래도 죽는 순간에 아빠랑 엄마가 있어서 다행이라고 생각했지."

"뭐라고?"

나는 보배의 말에 정말 어이가 없었어. 보배가 피식 웃었어.

"아무리 생각해도 너희 가족은 확실히 쉬어야겠다. 휴식이 필요해. 너, 너무 일만 해서 머리가 어떻게 된 거 아니야? 어떻게 눈 속에 갇히게 해 달라는 기도를 하냐?"

나는 보배를 이상한 눈초리로 쳐다봤어. 엄마, 보배네 가족은 아저씨부터 아줌마, 그리고 보배까지 다 이상해.

"할아버지께서 그러시는데, 생활에 쫓겨 자기를 되돌아보지 않고 살다가는 진정한 나를 잃을 수도 있대. 생활에 쫓겨 살다가 나중엔 나조차도 내 자신이 누군지 모르게 된다는 거지."

보배가 고개를 끄덕였어.

"맞아, 맞아. 요즘 내가 그래. 진짜 내가 누군지 모르겠어."

보배는 바람 빠진 풍선처럼 힘없이 말했어. 그리고 몸을 웅크려 무릎을 모은 후 머리를 그 위에 떨어뜨렸어.

"고맙다, 친구야. 날 가마에 데리고 와 줘서. 참, 내 맘대로 친구라고 불러도 되나?"

보배의 목소리가 잦아들었어. 친구? 엄마, 보배가 날 친구라고 불렀어.

"응. 돼."

"탤런트……. 나 그거 하기 싫어. 내가 돈을 벌긴 하지만 그게 어디 내 돈이니? 엄마 돈이지. 난 돈이 필요하지 않고 친구가 필요해. 엄마는 그걸 모르나 봐."

보배의 목소리가 점점 작아졌어. 엄마, 보배한테 친구가 필요하다는 얘길 듣고 나니 나를 친구라고 불러준 게 고마운 거 있지. 보배한테 친구가 많이 생겼으면 좋겠어. 내 친구들을 보배에게 다 소개시켜 주고 싶어.

내 왼쪽 어깨가 살짝 무거워졌어.

"어, 여기서 잠들면 안 되는데."

보배가 내 어깨에 기대어 졸고 있었어. 그런데 표정이 정말 편안해 보여서 깨울 수가 없었어. 지난밤에도 분명 잠을 자지 못했을 거야. 나도 할아버지 집에 처음 왔을 때 그랬잖아.

나 역시 몸이 점점 무거워졌어. 쌩쌩 부는 바람 소리가 오히려 자장가처럼 들리더라고.

'잘 자라 우리 아가 앞뜰과 뒷동산에 새들도 아가 양도 잠이 드는데⋯⋯.'

내가 잠들 때마다 엄마가 불러 줬던 자장가잖아. 바람이 그렇게 자장가를 부르고 있었어. 옆에 있는 보배 때문인지 몸이 점점 따뜻하게 느껴졌어. 하지만 이곳에서 잠들면 안 되는데, 잠들면 안 되는데⋯⋯.

4 일어나! 보배야!

"오자연, 오자연! 가마 안에서 잠자면 어떡해? 어서 일어나!"

"엄마!"

나는 엄마 목소리에 깜짝 놀라 눈을 떴어. 꿈속에서 엄마가 일어나라고 나를 깨웠어.

여기서 얼마나 자고 있었던 걸까? 몸을 구부리고 잤더니 뻐근해서 일어나지 못했어. 보배는 여전히 내 어깨에 기댄 채 잠들어 있었지. 가마 밖을 보니 눈보라 대신 눈이 조금씩 내리고 있었어.

나는 몸을 틀어 보배를 깨웠어.

"보배야, 일어나. 어서 일어나."

그런데 보배 몸이 바닥으로 스르륵 미끄러지는 거야. 나는 보배 윗몸을 받치고 이마에 손을 얹었어. 머리가 불덩이었어. 나 역시 머리가 깨질 것 같이 아프고 이마가 뜨거웠어.

"나보배! 나보배! 어서 일어나!"

나는 보배의 몸을 세차게 흔들었어. 하지만 보배는 눈을 뜨지 못했어. 그때 멀리서 무슨 소리가 들렸어.

"나보배!"

"오자연!"

할아버지? 할아버지의 목소리였어.

"할아버지! 할아버지!"

나는 가마 밖을 향해 크게 소리쳤어. 할아버지 목소리를 들으니까 눈물이 맺혔어. 보배가 쓰러져서 얼마나 무서웠다고. 조금 있으니 가마터로 다가오는 어른들의 모습이 보였어. 어른들이 우리가 있는 가마를 발견하셨어.

"자연아, 괜찮니? 보배는?"

할아버지께서 가마에서 나를 꺼내시며 물으셨어.

"할아버지, 보배가 많이 아픈가 봐요. 아무리 깨워도 일어나지 않아요."

내가 울먹이며 말했어. 할아버지께서 가마 속으로 들어가 쓰러진 보배를 조심스레 안고 나오셨어.

"보배야! 보배야!"

쓰러진 보배를 보신 아저씨가 깜짝 놀라며 보배를 끌어안았어. 그리고 보배 뺨을 흔들며 이름을 막 불렀어.

갑자기 아저씨가 나를 무섭게 노려보았어.

"도대체 내 딸이 왜 이래? 보배를 어떻게 한 거야?"

아저씨의 벼락같은 목소리에 나는 아무 말도 할 수가 없었어. 몸이 후들후들 떨렸어.

"나 사장님, 진정하세요. 찾았으니 됐잖아요. 애들이 눈보라 속에서 고생을 많이 한 모양이네요. 어서 내려갑시다."

하지만 아저씨의 화는 쉽게 가라앉지 않았어.

"너, 우리 딸한테 무슨 일이 생기면 결코 용서하지 않을 거야!"

나는 멀뚱히 아저씨만 바라보았어. 아저씨는 보배를 안고 뺨을 비볐어. 그리고 집으로 내려갔지.

"죄송해요. 할아버지. 눈이 좀 멎으면 내려가려고 했는데. 그만

잠이 들어 버렸어요."

나는 고개를 푹 숙였어. 할아버지께서 괜찮다며 내 어깨를 툭툭 치자 나도 모르게 눈물이 나는 거야.

"어서 내려가자."

나는 고개를 끄덕였어.

"아얏!"

다친 발을 땅에 딛자 너무 아파서 또 눈물이 났어.

"왜 그래?"

"발목을 다쳤어요."

나는 훌쩍이면서 할아버지께 말씀드렸어.

"할아버지한테 잘 기대라. 내려갈 수 있겠니?"

"네."

할아버지께서 한쪽 팔로 내 허리를 감고 다른 쪽 팔을 내 겨드랑이에 끼어서 부축해 주셨어. 다리에서 힘이 빠져 내 몸이 처지자, 할아버지께선 팔에 더욱 힘을 주셨지. 할아버지 얼굴을 봤는데 땀방울이 송골송골 맺혀 있었어. 할아버지도 많이 힘드실 텐데. 할아버지, 정말 죄송해요. 죄송해요.

할아버지와 나는 눈을 맞으며 천천히 집으로 향했어.

5 죄송해요, 아주머니 그리고 아저씨

사립문에 들어서자 아줌마의 찢어지는 목소리가 들렸어. 그 목소리를 들으니 도저히 집으로 들어갈 용기가 안 났어.

"보배야! 보배야! 정신 좀 차려 봐! 아니 여보, 애가 왜 이래? 왜 정신을 못 차려!"

아줌마는 아저씨 품에 안겨 있는 보배의 얼굴과 아저씨 얼굴을 번갈아 보며 정신을 못 차리셨어. 그러다 내가 집에 들어서자 마녀 같은 눈으로 나를 째려봤어. 나는 아줌마와 눈이 마주치자 움

찔 놀랐어.

"어서 방에 보배를 누이시오."

할아버지께서 말씀하셨어. 그런데 아줌마가 다짜고짜 나한테 달려들어서 내 양팔을 꽉 움켜잡았어. 얼마나 세게 잡던지 눈물이 핑 돌았어.

"우리 보배가 왜 저래? 응? 왜 정신을 못 차려!"

아줌마가 내 팔을 잡고 고래고래 소리를 질렀어. 할아버지께서 간신히 아줌마를 떨어뜨려 주었어. 아줌마는 할아버지께도 소리를 쳤어.

"보배요, 그 많은 스케줄 속에서 한 번도, 단 한 번도 쓰러져 본 적이 없어요. 그렇게 잘 있던 애가 왜, 왜!"

"눈 속에 보배를 계속 세워 둘 참이오? 많은 스케줄 속에서 한 번도 쓰러져 본 적이 없다고? 왜 보배가 이제야 쓰러졌는지 알겠구려. 당장 방으로 데리고 들어오시오!"

나는 지금까지 할아버지께서 그렇게 호통을 치신 걸 본 적이 없었어. 아저씨와 아줌마보다 훨씬 더 무서웠어. 할아버지의 호통에 아저씨와 아줌마도 아무 말을 못했어. 아저씨는 보배를 안고 방으로 들어가셨어.

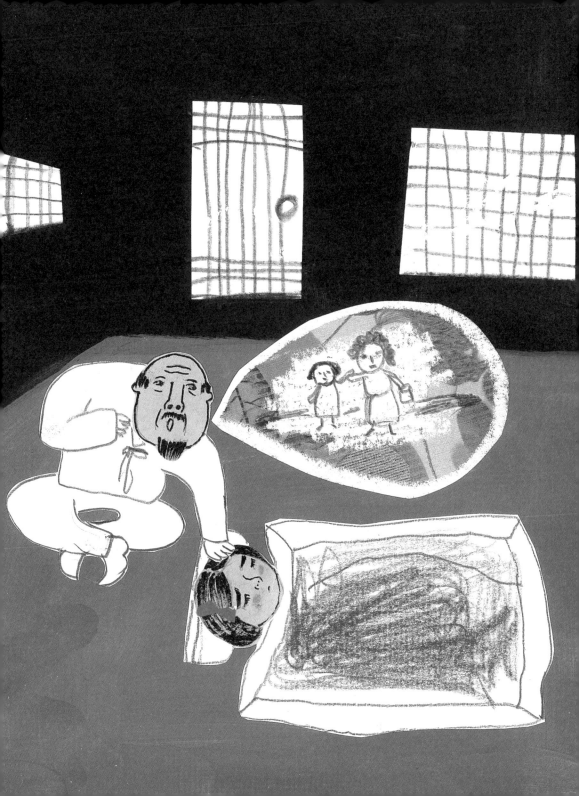

"들어가자, 자연아."

할아버지께서 나를 이끌고 마루로 올라가셨어.

"어어엉!"

그때 아줌마가 마당에 털썩 주저앉고 막 우는 거야.

"보배야, 보배야!"

"그렇게 울면 애한테 아무 도움도 되지 않는다오."

할아버지께서 근엄하게 말씀하셨어. 할아버지의 말씀으로 아줌마의 울음소리는 잦아들었지만 당장 멈추진 않았어.

보배는 죽은 듯이 누워 있었어. 방에 누워 있는 보배를 보자 덜컥 겁이 났어. 엄마, 나는 진짜 보배가 죽을까 봐 걱정이 됐어. 보배야, 일어나. 할아버지께서 보배의 손바닥에 침을 놓으려 하시자 아저씨가 할아버지를 불렀어.

"영감님."

아저씨는 불안한 표정이었어. 할아버지께서 아저씨의 어깨를 툭툭 치셨어.

"걱정하지 마세요. 저희 할아버지 수지침 잘 놓으세요. 저도 항상 아프거나 다치면 수지침을 맞고 할아버지께서 만들어 주신 약으로 나았어요."

"영감님, 잘 부탁드립니다."

나는 아저씨 말에 깜짝 놀랐어. 아저씨는 고개를 숙였어.

"나이 마흔에 어렵게 얻은 자식이라……."

그리고 눈물을 훔치는 거야.

"모든 자식은 다 소중하다오."

할아버지께서 보배의 양 손바닥에 침을 놓으셨어.

"추운 곳에서 떨어서 감기가 생긴 것이니 걱정하지 마시오."

할아버지의 말씀에 아저씨는 고개를 천천히 끄덕이셨어. 할아버지께선 내 양 손바닥에 침을 놓아 주시곤 밖에서 찬물을 떠 오셨어.

"이 찬 수건으로 아이의 얼굴을 닦아 주구려."

아저씨는 찬 수건을 받아 보배의 얼굴을 정성껏 닦았어. 할아버지께서 내 발목 위에 찬 수건을 올려놓는 바람에 난 깜짝 놀랐어. 그리고 내 이마에도 찬 수건을 올려놓으시고 밖으로 나가셨지.

방문이 열리고 아줌마가 조심스럽게 들어왔어.

"여보, 이제 내가 닦을게. 수건 이리 줘."

아줌마는 아저씨한테서 수건을 받아 들고 보배의 얼굴을 천천히 닦아 주셨어.

"보배야, 눈만 떠 봐. 제발. 눈만 뜨면 엄마가 원하는 거 다 들어 줄게. 보배야."

아줌마가 훌쩍이시며 말씀하셨어. 아저씨가 아줌마의 등을 다독여 주셨어.

"걱정하지 마. 영감님께 침 맞고 나면 열이 내릴 거라고 하셨잖아."

"이러다 우리 보배 안 일어나면 어쩌지?"

"감기로 못 일어나는 거 봤어?"

"그래도 이렇게 열이 심한데."

아저씨가 한숨을 푹 쉬더니 밖으로 나갔어.

"아니, 핸드폰은 왜 안 터지는 거야! 미치겠네!"

밖에서 아저씨가 핸드폰에 화풀이하는 소리가 크게 들렸어. 아줌마는 계속 울면서 보배의 땀을 닦았어.

보배야, 일어나. 내가 정말 좋은 친구가 되어 줄게. 나는 보배가 일어나기를 기도하다가 잠이 들었어.

4 보배의 고민

잠결에 아줌마 목소리가 어렴풋이 들렸어.

"그러니까 지금 네 말은 다음 드라마도 안 하겠다는 거야?"

나는 계속 자는 척하며 아줌마와 보배의 대화를 들었어. 아줌마
는 조금 흥분한 것 같았어.

"탤런트가 나랑 맞는지 생각 좀 해 보고."

보배가 작지만 단호하게 말했어. 나는 보배의 말에 깜짝 놀라
하마터면 눈을 뜨고 '왜 그래, 보배야' 하고 말할 뻔했어.

"그게 무슨 말이야? 지금 네가 얼마나 잘 나가고 있는데 여기서 그만둔다는 거야?"

"난 내가 잘 나가는 거 관심 없어. 그건 엄마 관심거리잖아."

"그걸 지금 말이라고 하니?"

"어쨌든. 난 다시 생각해 볼래."

아줌마는 깊은 숨을 내쉬었어. 그리고 이렇게 말했어.

"안 돼."

안 돼? 보배도 그렇지만 난 아줌마도 이해가 안 갔어. 엄마, 아줌마는 왜 보배가 싫다는 일을 하라는 걸까?

"안 돼?"

"안 돼."

"엄마한테는 탤런트 나보배만 있으면 되지?"

"뭐?"

아줌마 목소리가 높아졌어. 난 아줌마가 또 폭발할까 봐 조마조마했어.

"난 탤런트가 아니면 엄마한테 필요 없잖아."

"그걸 지금 말이라고 하니? 너 탤런트 좋아하잖아. 스타가 되는 게 네 꿈이잖아."

"아니. 그건 내 꿈이 아니고 엄마 꿈이지."

"그만하자. 다음 작품 때문에 긴장해서 그러는 거야. 아무 소리 하지 말아."

아줌마가 말을 잘라 버리자 보배의 한숨 소리가 들렸어.

"도대체 눈은 언제 멈추는 거야!"

아줌마는 신경질을 내며 방문을 확 열고 나가 버렸어.

보배는 소리 없이 울고 있었어. 나는 내 이마 위에 있던 수건으로 보배 눈물을 닦아 주었어. 그러자 보배는 내게 등을 돌리고 누웠어.

"엄마가 나한테 좋은 배역 주려고 많이 애쓴 거 알아. 하지만 요즘 와서 드는 생각인데. 엄마한테 필요한 건 내가 아니고 탤런트 나보배인 것 같아."

"대체 그런 말이 어디 있어. 네가 있어야 탤런트 나보배가 있는 거지."

보배가 깊은 숨을 쉬는데 그 숨소리가 몹시 떨렸어.

"난 말이지, 아주 어려서부터 텔레비전에 나와 버릇해서, 카메라 앞에 서는 건 아무렇지도 않아. 오히려 카메라보다 일반 사람들을 보는 게 더 어색해."

"그래? 난 카메라 앞에 서 본 적 한 번도 없는데. 만약 카메라 앞에서 말을 해 보라고 하면 무지 떨릴 거야."

"처음엔 카메라 앞에서 연기하는 게 재밌었는데 지금은 모르겠어. 엄마가 나보다 내 인기에 더 신경 쓰는 것도 싫고, 다음 역 못 맡을까 봐 걱정하는 것도 싫어."

보배가 또 깊은 한숨을 쉬었어.

"난 지금까지 하루도 이렇게 쉬어 본 적이 없어. 하도 다른 사람의 역할만 해서 그런지 어쩔 땐 내가 누군지 분간이 안 될 때도 있어. 사실 이렇게 쉬고 있는 게 믿기지가 않아. 지금도 마치 쉬고 있는 연기를 하는 것 같아. 나 몰래 어디선가 카메라가 돌아가고 있을 것 같아."

나는 보배의 말에 방 안을 둘러보았어. 방 안에 카메라 같은 건 없는데. 돌아누운 보배의 뒷모습이 처량하고 불쌍했어.

7 소중한 우리

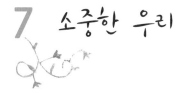

"파 뿌리를 달인 물이다. 약이니까 남기지 말고 다 먹어야 한다. 알았지?"

항상 느끼는 거지만 할아버지께서 만드신 약은 정말 맛이 없어. 컵 안에 둥둥 떠 있는 파 뿌리 찌꺼기를 보니 입맛이 뚝 떨어졌어.

"파 뿌리도 약이 되요? 우리 엄마는 파 뿌리는 다 버리던데."

보배가 약을 마시며 말했어.

"세상에 존재하는 모든 것은 아무리 하찮은 존재라도 다 그 나

름대로 쓰이는 데가 있단다."

할아버지가 빙그레 웃으며 우리를 보셨어.

"흙, 돌, 풀, 꽃, 나무, 새, 구름 등. 너희가 보기엔 아무 의미가 없는 것 같은 것들도 세상에 다 필요해서 한 자리씩 차지하고 있는 거지."

엄마, 그럼 똥도 필요한 거야? 히힛.

"너희가 사물을 보면서 어떻게 생각하느냐에 따라 사물들이 다르게 보이는 거란다. 세상에 존재하는 모든 것에는 다 의미가 있거든. 항상 옆에 있으니 귀한 줄 모르고 함부로 버리는 거야."

"네……."

난 예전에 한두 장 쓰다 싫증이 나서 폐품으로 버린 공책들이 생각났어.

"이 방에 있는 물건 중 하나라도 없어진다면 할아버지는 무척 답답할 게다."

나는 제자리를 지키고 있는 방안의 물건들을 하나씩 바라보았어. 평소엔 몰랐는데 막상 할아버지께서 말씀하시니까 진짜 방 안 물건 중에는 버릴 물건이 하나도 없는 거야.

"보배는 시골에서 며칠 생활해 보니까 불편한 게 많지?"

할아버지께서 보배에게 물으셨어. 보배가 고개를 끄덕였어.

"나도 여기 처음 왔을 땐 거의 미치기 일보 직전이었는데."

내 대답에 보배가 키득거렸어.

"그럼 지금은 어떠냐?"

"여기 오지 않았음 그동안 제가 쓰던 전기, 수도, 화장실 등이 얼마나 필요한 것인지 알지 못했을 거예요."

"필요하다고 느끼기 시작하면 그 다음부터는 그것들을 함부로 사용할 수가 없지. 보살피고 아끼게 되지. 그래서 더 특별해지는 거고."

"맞아요, 할아버지."

내가 대답하자 보배도 고개를 끄덕였어.

"한 사람에게만 보살핌을 받아도 특별한 존재인데, 보배와 자연이는 얼마나 특별한 사람들이냐. 부모님, 선생님, 친구들, 주변 사람들에게 많은 보살핌을 받고 있지 않니?"

우리는 조용히 할아버지를 보았어.

"보배야."

할아버지께서 보배를 부르셨어.

"보배는 온 국민의 보살핌을 받고 있으니 얼마나 특별한 존재겠

니? 보배는 부모님의 '나보배'로도 사랑을 받지만, 아역 배우 '나보배'로도 사람들의 사랑을 받고 있지 않니?"

할아버지께서 보배의 머리를 쓰다듬어 주셨어.

"보배야, 인터넷에서 너에 대해 떠드는 소리를 귀담아 들을 필요는 없단다. 인터넷에서 말하는 나쁜 보배는 네가 아니란 걸 보배 자신이 가장 잘 알고 있지 않니?"

"네."

보배가 작게 대답했어.

"할아버지도 보배 팬이란다."

할아버지께서 웃으시며 보배를 보셨어.

"네?"

우리는 깜짝 놀라 할아버지를 봤어.

"이제 보배는 우리 할아버지의 사랑까지 받으니 더 특별한 존재가 된 거네."

나는 웃으면서 보배와 할아버지를 보았어.

"고맙습니다, 할아버지."

보배도 웃으면서 할아버지한테 인사를 했어. 보배가 웃으니까 내 마음까지 밝아지는 것 같았어. 보배가 앞으로도 더 많이 웃었으면 좋겠어.

보배가 자리에서 일어났어.

"할아버지가 놔 주신 침이랑 약 덕분에 몸이 한결 가벼워졌어요. 건넛방으로 가서 잘게요. 할아버지, 고맙습니다."

"오냐, 오냐."

"오자연, 너도 고마웠다. 덕분에 여러 가지 즐거운 경험을 많이 했어. 나 때문에 발목 다친 것도 미안하고."

"어? 아니야. 나도 즐거웠어."

보배가 환하게 웃으며 방을 나섰어. 엄마도 들었지? 보배가 나한테 사과를 했어.

"이제 보배랑 아주 친한 사이가 되었구나."

할아버지께서 말씀하셨어.

"그런가? 히힛."

마음에 따뜻한 기운이 퍼지는 것 같았어. 엄마, 나는 보배랑 진짜 친한 친구가 된 기분이었어. 하긴 이 세상 어떤 친구랑 가마 안에 들어가서 잠이 들겠어. 그리고 동시에 감기에 걸려 고생하고.

엄마, 나는 보배랑 친구가 되어서 너무 좋아.

지향성과 현상학적 인식

보배는 눈을 맞고 자연이와 가마에 들어가 잠이 들다 심한 감기에 걸립니다. 감기약도 없는데 보배의 감기가 어떻게 나았던 걸까요? 할아버지의 지혜로운 방법에 의해 보배의 감기가 나을 수 있었지요? 파 뿌리를 달인 물이 감기약이 된 것입니다. 과학의 시선에서 볼 때엔 비과학적인 것이 오히려 더 과학적으로 작용한 것입니다.

할아버지의 이러한 지혜는 과연 어떻게 해서 생길 수 있었을까요? 그건 할아버지가 자연과 하나 되어 있었기 때문입니다. 흙, 돌, 풀, 꽃, 나무와 같은 자연을 드러나는 그대로 알고 있었던 것입니다.

일반적인 상식이나 유용성의 측면에서 볼 때엔 쓸모없는 것처럼 여겨지던 것들이, 그러한 편견을 거두고 현상학적 관점에서 볼 때엔 모두 의미 있는 존재가 됩니다. 할아버지는 선입견에 얽매이지 않는 순수한 의식을 가지고 있었지요. 그래서 할아버지는 자연과 하나가 될 수 있었던 거예요.

 후설은 자연을 바라보는 정신 또는 의식에 주목하고 있습니다. 의식은 항상 어떤 것에 관한 의식입니다. 이 말은 의식하는 대상은 의식과 관계가 없는 것이 아니라 언제나 의식과 관계를 맺고 있는 대상이라는 말입니다. 후설은 이것을 의식의 "지향성"이라는 말로 표현하고 있어요. '지향하다' 라는 말은 '어떤 것을 향하다' 라는 뜻입니다. '지향하다' 라고 할 때 두 가지 요소를 생각해 볼 수 있습니다. 지향하는 것과 지향되는 것이지요. 후설은 지향하는 것을 판단 작용, 지향되는 것을 판단 내용이라고 구분하여 칭합니다.

 현상학적 인식은 이러한 두 판단이 만나서 생깁니다. 보배 아빠처럼 자연과학적 태도를 가지고 파 뿌리를 보면, 파 뿌리는 보잘 것 없는 자연물에 지나지 않을 것입니다. 그렇지만 순수한 의식을 가진 할아버지의 관점에서 보면, 파 뿌리는 약으로 쓸 수 있는 의미 있는 존재가 됩니다.

 이렇듯 현상학적 인식이란 세상의 모든 존재가 나와 관계를 맺고 있는 의미 있는 존재임을 깨닫는 것을 뜻합니다.

4

생활 세계적 현상학

생활 세계적으로 상상해 낼 수 있는 것들을 자유롭게 두루 살펴
보는 데서 하나의 본질, 보편적 규정 내용이 명확하게 나타난다.

— 에드문트 후설

1 모두 가마터를 향해!

보배랑 나는 꼬박 하루 동안 누워 있었어. 다음 날 오후가 돼서야 발목이 많이 부드러워진 것을 느꼈어. 열도 완전히 내리고. 역시 할아버지의 약과 침은 대단해. 할아버지 말씀엔 보배도 많이 좋아졌다고 하니 정말 다행이야.

아침이 되자 방문을 두드리는 소리가 났어.

"할아버지, 보배에요."

"어서 들어와라."

보배가 들어와서 피식 웃더니 밖을 돌아보며 말했어.

"아빠, 엄마. 빨리 들어와."

아저씨와 아줌마가 쭈뼛거리며 방으로 들어왔어.

"말씀드려."

할아버지와 나는 보배가 무슨 말을 하는지 의아해 하며 아저씨와 아줌마를 번갈아 보았어.

"저기, 영감님. 어제는 정말 죄송했습니다."

아저씨가 머리를 긁적이며 할아버지께 사과를 드렸어. 나는 아저씨가 사과하는 모습에 깜짝 놀랐어. 저 고집불통 아저씨가 어쩐 일이지?

"어제는 저희가 너무 정신이 없어서…… 죄송합니다."

아줌마도 작은 목소리로 할아버지께 사과를 드렸어. 쌩하니 찬바람만 불던 아줌마가 사과를 하다니, 해가 서쪽에 떴나?

"허허허. 자식 가진 부모라면 그렇게 나오는 게 당연하다오. 지난 일이니 신경 쓸 거 없소."

"자연이라고 했지? 보배 때문에 발목을 다쳤다며? 괜찮니?"

아저씨께서 물으셨어. 어제 아저씨 모습은 성난 코뿔소 같았는데 지금은 완전히 순한 양으로 변해 있었어.

"네."

나는 아저씨의 물음에 얼떨결에 '네' 하고 대답하고 말았어. 아, 아니라고 해서 좀 더 미안하게 만들었어야 했는데.

"오늘쯤이면 아마 눈이 멎을 게요."

할아버지께서 빙그레 웃으며 말씀하셨어.

아저씨, 아줌마는 다행이라며 기뻐했어. 하지만 난 마음 한 구석이 서운했어. 딱 며칠만 더 오면 좋을 텐데. 보배 볼 시간도 이제 얼마 안 남은 거잖아. 보배도 약간 서운한 표정이었어.

아저씨가 아침상을 들고 들어오는 걸 보며 나와 보배는 마주 보고 씽긋 웃었어. 모두 착석. 셋…… 둘…… 하나!

"잘 먹겠습니다!"

할아버지께서 숟가락을 들기 무섭게 나와 보배는 큰 목소리로 소리쳤어. 아저씨, 아줌마는 한바탕 크게 웃으며 수저를 들었어.

"엄마, 엄마도 할아버지한테 김치찌개 만드는 법 좀 배웠으면 좋겠다."

"김치찌개 같은 음식은 안 먹는다고 하지 않았었나?"

내 말에 보배가 눈을 흘기며 나를 봤어. 아줌마가 민망한 듯 어색하게 웃었어. 그러면서도 보배에게 계속 이것저것 반찬을 챙겨 주셨어.

나도 엄마, 아빠랑 함께 있었으면 좋았을 텐데. 보배네 가족이 살짝 부러웠어. 엄마, 올 여름 방학 땐 우리 가족도 다 함께 한국에 오자. 알았지? 약속!

식사를 마치고 상을 들고 나가던 아줌마가 소리쳤어.

"어머, 진짜 눈이 멎었네? 여보! 눈이 멎었어! 오늘이라도 당장 내려가자. 보배 일 때문에 내일 오전 10시까지는 서울로 올라가야 해."

아줌마의 들뜬 목소리에 나는 힘이 쭉 빠졌어.

"얼마나 다행인지 몰라. 오늘 못 내려갈 줄 알고 노 감독과의 약속은 완전히 포기하고 있었는데."

아줌마가 기뻐하며 말했어.

"밖에 나가서 오랜만에 햇볕 좀 쐴까?"

할아버지께서 우리를 마루로 이끄셨어.

마루 끝까지 들어온 빛 때문에 눈이 부셨어. 손차양을 하고 게슴츠레 뜬 눈으로 햇빛을 봤어. 엄마, 사흘 밤낮으로 온 눈이 이제야 멈췄어. 모든 세상이 눈 속에 파묻혀 있는 거야. 햇빛이 눈 위에서 사방으로 반사되어 반짝반짝 빛났어.

"꼭 눈 위에 작은 보석을 뿌려 놓은 것 같아."

보배가 감탄하며 신발을 신고 마당으로 내려갔어.

"보석 밭 위에 서 있는 것 같아. 어쩜 이렇게 아름다울까?"

보배가 황홀한 듯 말했어.

"내일 감독님 만날 때 뭐 입고 갈까, 보배야?"

아줌마가 보배의 머리를 만지며 말하자 보배 얼굴에 금세 그늘이 졌어.

"나 사장님, 제가 가마에 도자기를 넣어야 하는데 좀 도와주시겠소?"

나는 할아버지를 이상하게 쳐다보았어. 지금 가마에 불을 때면 하루는 있어야 하는데. 그러면 보배네 가족은…….

할아버지께서 나를 보고 찡긋 윙크를 하셨어. 아하!

"네! 좋습니다. 시켜만 주십시오. 어떤 일을 도와드리면 되겠습니까?"

아저씨가 아무것도 모르고 싱글거리며 말했어.

"엄마, 우리도 가서 도와드리자."

보배가 아줌마 손을 잡아끌자, 아줌마도 마지못한 듯 가마터로 향했어.

"자연아, 너도 같이 가마터에 가자."

보배가 내 손을 잡으며 말했어. 나는 보배의 따뜻한 손을 꼭 잡고 절뚝거리며 천천히 걸었어.

산 전체가 하얀 색이라 햇빛이 눈 위에 부딪칠 때마다 눈이 부셨어. 온통 하얀 색만 보고 걷자니 마치 구름 위를 걷는 기분이 들었어.

뽀드득, 뿌드득, 뽀드득, 뿌드득. 할아버지부터 시작된 눈 위의 발자국 소리를 들으면서 걸으니까 재밌었어. 아저씨, 아줌마, 보배와 난 할아버지의 발자국 소리에 맞춰 걸었어. 우리는 우리가 만들어 낸 발자국 음악이 잘못되기라고 할까 봐 조심스럽게 발을 내딛었어.

2 천천히, 천천히

아줌마, 아저씨는 작업실에 있는 도자기들을 보고 깜짝 놀란 모양이었어. 아저씨는 그릇 하나하나에 감탄을 하고, 아줌마도 별 관심 없는 듯하면서 은근히 꼼꼼하게 살펴보는 거 있지.

"어쩜 이렇게 크기가 똑같을까?"

아줌마는 아예 도자기를 하나씩 들고 보는 거 있지. 아줌마의 그런 모습을 보며 나는 속으로 큭큭 웃었어.

"죄송해요, 할아버지. 제가 그릇 하나를 깼어요."

보배가 얼굴을 붉히며 말했어.

"보배가 그릇을 깼다고? 이렇게 귀한 것을. 죄송합니다, 영감님. 제가 얼마를 드리면 되겠습니까?"

아저씨께서 지갑을 꺼내셨어.

"괜찮소, 괜찮소. 어차피 가마에 들어가면 깨질 그릇이 태반이라오. 미리 깨졌다고 생각하면 되니 걱정 마시오."

할아버지 말씀이 맞지, 뭐. 가마에 들어간다고 모든 흙이 다 작품이 돼서 나오는 건 아니잖아. 할아버지께서 멀쩡한 도자기를 깰 때마다 난 얼마나 안타까운지 몰라. 내가 볼 땐 아무 이상이 없는데 할아버지 눈엔 뭔가 잘못된 게 보이나 봐. 할아버지 눈은 날카로운 독수리 눈이 틀림없어. 남들이 보지 못하는 것까지 보시니 말이야.

"이거 원 죄송해서. 그나저나 영감님, 이 그릇을 전부 손으로 직접 만드셨다니 믿어지지 않아요. 마치 기계로 찍어낸 것처럼 정교해요."

"정교함으로 따지면 기계는 사람 손을 못 따라 온다오."

"에이, 영감님. 정교함으로 따지면 기계 못 따라가지요. 로봇이 사람 몸에 들어가 치료를 하는 세상인데. 기계가 사람 손을 못 따르다니요. 기계는 실수를 하지 않아요."

아저씨께서 으쓱하시며 말씀하셨어.

"근데 아빠. 몸에 들어간 작은 로봇이 몸속에서 고장 나면 어떡해? 으, 생각만 해도 끔찍하다. 몸속에서 고철 로봇이 떠돌아다닌다는 게."

"별 걱정은. 그런 일은 없다."

아저씨가 단호히 말했어.

"로봇은 정이 안 느껴져서 싫어. 사람들은 왜 그렇게 로봇을 좋아하는지 몰라. 이러다 앞으로는 로봇 천국이 될 거야. 아마 로봇 없이는 세상이 돌아가지도 않겠지? 맞다, 로봇이 내 연기도 대신해 주면 되겠다."

보배가 말했어.

"말도 안 돼. 로봇이 어때서 그래? 청소 대신 해주는 로봇도 나오고, 길 안내해 주는 로봇도 나오고. 나는 편해서 좋기만 하던데, 뭘."

"엄마, 그러다 로봇한테 정복되면 어떡할래? 로봇 없으면 청소도 못하고, 길도 못 찾고 하면?"

엄마, 보배는 정말 로봇을 싫어하나 봐. 내가 끼어들어 한마디

했어.

"난 로봇 좋은데. 사람이 하기 힘들거나 위험한 일을 로봇이 하면 되잖아."

"바로 그게 아저씨가 하는 일이란다. 하하하."

아저씨가 내 어깰 툭 잡더니 목젖을 크게 보이며 껄껄 웃었어.

3 지나쳐서 좋을 건 없다

"뭐든지 도가 지나치면 좋지 않다오. 난 너무 빠르게 변하는 세상이 걱정이라오."

할아버지의 눈빛은 걱정으로 가득했어. 그리고 보배와 나를 그윽한 눈으로 바라보셨어.

"나는 느린 세상도 살아 봤고 빠른 세상도 살아 봤소. 어떤 세상이 사람에게 더 좋은 세상인지 안다오. 하지만 보배랑 자연이는 빠른 세상만 살아 보았으니 느린 세상이 얼마나 필요한지 알 수 없겠지."

할아버지께서 아저씨와 아줌마를 바라보셨어.

"보배랑 자연이는 앞으로 이보다 느린 세상을 경험할 수는 없겠지요?"

아저씨가 천천히 고개를 끄덕였어.

"그것이 내가 안타깝게 생각하는 거라오."

"왜요? 할아버지?"

나와 보배가 동시에 말했어.

"세상이 빨라지면 사람들의 생각도 빨라지지. 그러면 뭐가 잘못됐는지 천천히 생각해 봐야 알 수 있는 것들을 놓치게 된단다."

할아버지께서 우리를 바라보셨어.

"그럼 생각도 빨리빨리 하면 되잖아요?"

보배가 말했어.

"보배야, 그러면 정말 좋겠지만 사람의 생각은 그렇게 빨리 되는 게 아니란다. 시간과 단계를 거쳐야 다음 생각으로 넘어가는 거지."

"그래서 영감님께서는 느리게 사시는 것을 좋아하셔서 이 산에서 사시는 거군요."

아저씨 말에 할아버지께서 고개를 끄덕이셨어.

"사람은 자연을 따라야지. 자연을 우리 인간의 도구로 바라보면 안 돼. 우리가 이렇게 저렇게 가공하고 이용할 목적을 가지고 자연을 바라보지 말고, 우리에게 드러나 있는 자연 만물 자체로서 바라보아야 하는 거란다."

할아버지께서 진지하게 말씀하셨어. 아저씨는 진지한 표정으로 무언가 깊이 고민하는 눈치였어. 할아버진 그런 아저씨를 보며 빙긋 웃었어.

4 기념품 만들기

"어떻소? 이곳에 머물렀던 기념으로 작품 하나씩 만들어 보지 않겠소?"

할아버지께서 보배네 가족에게 물으셨어.

"좋아요!"

보배가 손뼉을 치며 좋아했어. 앗싸! 보배네 가족이 내려갈 시간이 점점 멀어지고 있네. 나도 보배만큼이나 좋아서 손뼉을 짝짝 치며 웃었지.

할아버지께서 흙을 나눠 주고 다루는 법을 보여 주셨어. 우리는 할아버지처럼 손으로 흙을 탁탁 쳐 대며 각자가 만들 작품의 틀을 잡았어.

"흙이 아주 부드럽네. 이렇게까지 부드러울 줄이야."

아줌마가 혼잣말을 하며 흙을 주물렀어. 입가에 미소까지 띠고 있는 게 참 평화로워 보였어.

"엄마, 그렇게 흙만 주무르다가 하루 다 가겠어."

보배가 아줌마에게 핀잔을 줬어.

"어머, 내 정신 좀 봐."

그제야 아줌마는 정신을 차리고 흙을 탁탁 치며 여러 덩어리로 나누었어.

그런데 엄마, 아줌마는 작업실에 막 들어왔을 때만 해도 계속 시계를 보며 초조해 했거든. 그런데 흙을 만지는 동안엔 전혀 시계를 안 보는 거야. 아주 여유로워 보였어.

햇빛이 점점 강해졌어. 나는 물레를 돌리는 할아버지를 구경했어. 할아버지께서 흙에 빠져 있는 아줌마를 보더니 '그렇지, 그렇지' 하는 표정으로 고개를 끄덕이셨어. 엄마, 할아버지께서 나의 마음을 읽으신 것 같아.

"정말 신기하네요. 보잘것없는 흙이 작품이 된다니."

아저씨가 흙을 둥글게 빚으며 말했어.

"아빠도 그렇게 생각했어? 나도 가마 속에 있을 때 그런 생각했었는데."

보배가 아저씨를 보며 씽긋 웃었어. 보배랑 아저씨는 작업실에 있는 게 마냥 즐거워 보였어.

"이 세상에 보잘것없는 것은 아무것도 없다오."

할아버지께서 물레를 돌리며 말씀하셨어. 흙 한 덩어리가 물레의 속도에 맞춰 빠르게 느리게 움직이면서 제 모양을 바꾸고 있었어. 항상 볼 때마다 느끼는 거지만 할아버지의 물레 돌리는 솜씨는 마술 같아. 몇 번 돌리지도 않은 것 같은데 멈추고 나면 뚝딱하고 작품 하나가 나오니 말이야.

"우와, 할아버지 대단하세요."

보배가 할아버지의 물레 돌리는 모습을 보고 감탄을 했어. 아저씨와 아줌마도 할아버지에게서 눈을 떼지 못하셨어. 씩씩, 쌕쌕.

열심히 돌아가던 물레가 멈췄어.

"어? 이건 제가 깨뜨렸던 그릇이네요!"

보배가 할아버지 곁으로 가서 그릇을 보았어. 할아버지께서 보배를 보고 빙그레 웃으셨어.

"할아버지, 진짜 멋져요!"

보배가 마구 박수를 쳤어. 할아버지께서 난로에 땔감이랑 호일에 싼 감자, 고구마를 넣으며 흐뭇해 하셨지.

"다 만든 것은 이리 가지고 와요."

아저씨는 커다란 접시를, 아줌마는 작은 수저를, 보배는 컵을, 그리고 나는 목걸이에 걸 수 있는 별을 만들었어. 할아버지께서 우리의 작품들을 선반 위에 올려놓으셨어.

"자, 이제 가마로 옮깁시다."

우리는 할아버지의 지시에 따라 도자기를 조심조심 가마로 옮겼어.

5 도자기 달인이 되다?

"아, 여기가 가마에요? 계단식이네요?"

아저씨가 물었어.

"물은 위에서 아래로 흐르지만 불길은 아래에서 위로 흐른다오. 이렇게 만들어야 불이 위로 올라가지."

할아버지께서 말씀하셨어.

"각 계단에 가마를 하나씩 만들어 놓은 것도 다 이유가 있어서 그렇군요. 이거야말로 과학이네요, 영감님."

아저씨가 감탄하며 말했어.

"그냥 보면 옛날 집이나 부엌이나 가마나, 다 그저 흙과 돌을 적당히 섞어서 만든 것 같지만 결코 그렇지 않다오. 다 법이 있어. 컴퓨터만 과학이 아닌 게지. 허허허."

할아버지의 말씀에 아저씨가 고개를 끄덕였어. 할아버지께서 가마 안으로 들어가 옮겨 온 도자기를 선반 위에 차례차례 놓으시는 거였어.

"여기 입구 옆에 작게 난 구멍은 뭔가요?"

"불구멍이라오. 그걸 통해 이 안의 불길이 어떤가 살펴보는 거라오."

"온도계가 있는 게 아니고요?"

아저씨가 깜짝 놀라 물었어.

"이 깨진 도자기 조각이 내 온도계라오."

할아버지께서 바닥에 떨어진 도자기 조각을 들어 보이셨어.

"아니, 어떻게 이 도자기 조각이 온도계에요?"

보배네 가족은 의아한 표정으로 물었어.

"초벌구이 때는 불의 온도가 800도 정도 올라가요. 그런데 할아버지께서는 그 불의 온도를 감으로 알 수 있으시데요."

"뭐라고?"

보배네 가족이 모두 깜짝 놀랐어. 할아버지와 난 마주보며 씽긋 웃었지.

"말도 안 돼. 온도계 없이 어떻게 감으로 불의 온도를 알아?"

보배가 믿을 수 없다는 듯이 말했어.

"그리고 재벌구이 때는 불의 온도가 1200, 1300도까지 올라가는데 그때 이 도자기 조각이 필요해요."

"왜?"

보배가 물었어.

"가마 입구에 난 작은 구멍으로 도자기 조각을 꺼내서 먼저 살펴보는 거야. 그리고 조각의 색깔을 보고 재벌구이가 잘 되고 있나 알 수 있는 거야."

내 말에 보배네 가족이 이제야 알겠다는 듯 고개를 끄덕였어. 난 마치 도자기 박사가 된 기분이었어. 히히.

"자연이도 이제 도자기 박사가 다 됐구나."

할아버지께서 나를 보며 빙그레 웃으셨어. 그리고 마지막으로 우리가 만든 기념품과 땔감을 좀 더 넣은 후 불을 붙이셨지. 그리고 벽돌을 가마 입구에 차곡차곡 쌓으셨어.

"잘 나와야 할 텐데. 어떻게 나올까?"

보배가 눈을 반짝이며 말했어. 보배가 기도하듯 두 손을 모은 채 불이 붙은 가마를 보았어. 나도 내가 만든 별 장식이 어떻게 나올지 궁금했어. 뒤를 돌아보니 아저씨와 아줌마도 평온한 표정으로 할아버지께서 일하시는 모습을 보고 있었어.

"자, 이제 초벌구이가 시작 됐으니 앞으로 반나절은 기다려야 그릇들을 꺼낼 수 있다오."

"잠깐, 잠깐. 반나절이요? 그럼 우리는?"

아줌마가 정신이 번뜩 들었는지 시계를 보았어.

"내려갑시다. 이것만 도와줘도 됩니다. 나머지는 나랑 자연이가 잘 마무리해서 서울 집으로 보내드리리다."

할아버지께서 빙그레 웃으시며 먼저 집 쪽으로 향해 가셨어. 휴. 아줌마가 안도의 한숨을 쉬셨어.

"빨리 내려가요, 우리."

아줌마도 할아버지를 따라 내려갔어.

"아빠, 끝까지 다 도와드리고 가면 안 될까?"

보배가 애처로운 눈빛으로 아저씨를 바라보았어.

"하지만 엄마가 내일 감독을 만나야 한다고 하니. 영감님! 일이

다 끝나려면 몇 시쯤 됩니까?"

아저씨가 할아버지를 향해 큰 소리로 외쳤어.

"내일 아침 9시쯤이나 되어야 끝날 거요."

할아버지도 큰 소리로 대답해 주셨어. 보배는 시무룩해져서 입을 삐쭉 내민 채 아줌마 뒤를 따라 내려갔어.

6 보배야, 잘 가!

집으로 내려오자마자 보배네 가족은 떠날 준비를 서둘렀어. 보배는 입이 툭 나온 채 아무 말도 하지 않았어. 아줌마는 제일 먼저 준비를 끝내고 벌써 사립문 앞에 서 있었어.

"여보, 보배야, 빨리 움직여. 이러다 해 다 지겠어."

아줌마가 아저씨와 보배를 재촉했어.

"그럼 영감님, 저희가 신세를 많이 지고 갑니다. 혹 서울에 오실 일 있으시면 꼭 연락을 주십시오."

아저씨가 손을 내밀자 할아버지께서 따뜻하게 마주 잡으셨어.

"감자와 고구마 구운 걸 조금 쌌는데 가지고 가시오. 점심도 못 먹었으니 배가 고플 게요. 천천히 조심해서 내려가시오. 나무와 나무 사이에 걸린 새끼줄을 따라 내려가면 차가 있는 곳이 나올 거요."

우리는 할아버지께서 말씀하신 새끼줄을 보았어. 보배네 가족이 오기 전까지는 없었던 새끼줄이 생겨 있었어. 어느 틈에 저렇게 새끼줄을 치셨지? 새끼줄은 사립문에서 시작해 나무와 나무 사이로 끝없이 이어지고 있었어. 나는 할아버지를 쳐다보았어.

"같이 가면 좋겠지만 가마에 불이 있어 움직이기가 쉽진 않아요. 새끼줄을 잡고 내려가면 길은 잃지 않을 게요."

"아닙니다, 영감님. 언제 이런 것을 쳐 놓으셨어요? 저희 때문에 정말 고생이 많으셨겠어요."

"이건 보배 엄마 선물이오. 내가 구운 그릇 몇 점인데, 올라가서 써요."

할아버지께서 아줌마에게 작은 상자를 내미셨어.

"고맙습니다, 영감님. 자연이도 잘 있고."

아줌마가 나를 보고 처음으로 웃었어.

"보배야, 이 할아버지는 보배 팬이다."

"할아버지!"

그러자 갑자기 보배가 할아버지 품으로 뛰어들었어. 보배의 어깨가 들썩였어.

"시간이 나면 또 놀러 오렴."

할아버지께서 보배의 어깨를 다독이며 말씀하셨어. 보배가 고개를 끄덕였어. 보배가 고개를 들어 나를 보는데 눈에 눈물이 그렁그렁 맺혀 있었어. 그런 보배를 보자 나도 코끝이 찡했어.

하루만 더 있다 가지.

"잘 있어, 자연아."

"잘 가, 보배야. 나도 네 팬이야. 내가 베를린 가면 내 친구들 풀어서 네 악플 다 혼내 줄게. 걱정하지 마. 히힛."

보배가 쿡 하고 웃으며 고개를 끄덕였어. 그리곤 아저씨와 아줌마보다 먼저 사립문을 나섰어. 보배네 가족이 새끼줄을 잡고 조심스럽게 내려가는 모습이 보였어.

할아버지는 그 모습을 보고 다시 가마터로 올라가셨어. 하지만 나는 자리를 뜰 수가 없었어. 보배가 다시 돌아올 것만 같았거든.

그런데 한참을 서 있어도 보배는 돌아오지 않고 그저 천천히 내려가고 있었어. 너무 느려서 가는 것 같지도 않았는데, 어느새 보배네 가족은 눈 속으로 사라졌어.

보배네 가족이 사라지고 났더니 보배와 있었던 시간들이 다 꿈만 같았어. 인기 배우 나보배와 3박 4일을 보냈다고 하면 누가 믿겠어? 나라도 안 믿겠다. 나는 터덜터덜 가마터로 향했어.

"이제 갔니?"

할아버지께서 가마 불을 보며 물으셨어.

"네."

나는 힘없이 대답했어. 그리고 할아버지 옆에 앉아 애꿎은 나무 막대기만 똑똑 부러뜨렸어. 할아버지께서 구운 감자와 고구마를 가지고 오셨지만 전혀 배고프지 않았어.

내 머릿속에는 온통 보배 모습으로 가득 찼어. 긴 머리카락, 웃을 때 살짝 들어가는 보조개, 찡그린 모습, 화난 모습, 눈보라 속에 서 있던 모습, 가마 속에서 내 어깨에 기대어 자던 모습. 그리고 눈 위에 미끄러져 깔깔대고 웃던 모습.

나는 보배가 남겨 놓은 눈 위의 발자국을 보았어. 얼마쯤 내려갔을까? 눈길이라 많이 내려가지는 못했을 텐데. 내려가다 미끄

러지진 않았을까? 또 미끄러져서 신난다고 깔깔대고 웃고 있지는 않을까?

'하하하하! 이거 진짜 재밌다!'

보배의 목소리가 귓가에 맴돌았어.

"하하하하!"

그런데 엄마, 이상한 일이 있어났어. 내가 지나치게 보배 생각을 해서 그런지 보배의 웃음소리가 진짜로 들리는 것 같은 거야.

"내가 미쳤나?"

나는 고개를 절레절레 흔들었어. 그런데 더 이상한 일이 일어났어. 눈 속으로 사라졌던 보배네 가족이 다시 새끼줄을 잡고 돌아오는 환각이 보이는 거야.

"오자연!"

게다가 보배는 내 이름을 부르기까지 하고. 아무래도 아팠을 때 머리가 이상해진 것 같아. 나는 더 세게 체머리를 쳤어.

"오자연!"

엥, 설마 진짜 나보배? 나는 자리에서 벌떡 일어났어. 눈을 부비고 다시 봤는데 보배가 맞아. 엄마, 진짜 나보배가 돌아왔어!

"차가 아직 눈 속에 파묻혀서 시동이······! 영감님, 며칠만 더……!"

"나보배!"

보배 뒤로 아저씨와 아줌마가 힘들게 걸어오고 있었어. 아저씨가 뭐라고 자초지종을 얘기하는 소리가 들렸어. 드문드문 들리긴했지만 어쨌든 더 있다 가야 한다 이거지? 좋았어!

나는 보배 이름을 맘껏 부르며 손을 힘차게 흔들었어. 보배도활짝 웃으며 나를 보고 손을 힘차게 흔들었어.

엄마, 보배가 얼마나 더 머물지는 모르겠지만 나 그동안 보배한테 진짜 잘해 줄 거야.

나는 보배를 향해 힘차게 달려갔어.

생활 세계와 인간의 얼굴을 한 과학

할아버지의 파 뿌리 감기약을 먹고 보배의 감기는 깨끗이 나았습니다. 보배네 가족도 할아버지의 자연적인 삶이 불편할 거라는 생활에 대한 선입견을 극복하고 할아버지와 함께 도자기를 만들고 있군요.

그동안 보배는 아역 탤런트로서 매우 바쁘게 살아왔습니다. 쉴 틈이 없는 정신없는 생활이었지요. 여러분의 삶도 바쁜 걸로 치면 아마 보배가 사는 모습과 크게 다르지 않을 것입니다. 학교에 학원에, 어른들보다 더 바쁘게 살고 있을지도 모르겠습니다.

할아버지는 느린 속도로 사는 삶을 강조하고 있습니다. 빠른 속도로 생활하다보면 자기 자신을 잃어버릴 수 있기 때문이죠. 생활이 먼저이고 자신의 진정한 삶은 뒷전에 있을 테니까요.

우리도 할아버지의 느림의 지혜를 배워야 할 것입니다. 후설의 현상학은 궁극적으로 인간다운 삶을 위한 철학입니다. 그래서 그는 우리가 현

재 살아가고 있는 생활 세계에 주목합니다. 자신을 되돌아보며 가족과 친구 등 주변 사람들에게 관심을 갖고, 또 멀리 있는 소외된 이웃들에게도 사랑의 눈길을 보낼 줄 아는 그런 생활의 자세가 필요한 것이지요.

후설이 추구하는 생활 세계도 나와 너, 이웃과 이웃이 서로 관심을 기울이고 이해하고 포용하는 세계입니다. 또한 선입견과 이기심을 버리고 순수한 자아를 찾아가는 생활입니다. 후설은 이러한 생활을 "상호주관성"이라고 표현하고 있습니다.

후설은 과학에 대한 맹목적인 믿음에서 벗어나, 인간의 얼굴을 한 과학의 필요성을 주장합니다. 온도계 없이 도자기 조각으로 가마 온도를 측정하고 조절하는 할아버지의 방법이 그 예일 것입니다.

물질만능주의 시대를 살아가는 오늘날 우리는 이야기 속 할아버지처럼, 아무런 이기심과 편견 없이 자연 세계를 바라보는 슬기로운 정신을 본받아야 할 것입니다.

에필로그

학교 버스에서 내린 자연이는 후다닥 집으로 뛰어 들어갔습니다.

"엄마! 다녀왔습니다!"

"네 방에 소포 왔어!"

엄마가 부엌에서 소리쳤습니다. 자연이는 엄마의 소리가 끝나기 무섭게 2층 자기 방으로 뛰어올라갔습니다. 방문을 열자 엄마 말대로 책상 위에 작은 소포가 놓여 있었습니다. 자연이는 얼른 주소를 확인했습니다. 겉표지에 '한국,' '서울,' '나보배' 란 글씨가 선명하게 쓰여 있었습니다. 자연이는 보배의 글씨를 보자 저절로 미소가 떠올랐습니다.

소포 속에는 작은 액자가 있었습니다. 액자 속엔 상큼한 미소를 띠며 자연이를 보고 있는 보배가 있었습니다.

자연아, 안녕?

잘 지내고 있니? 여긴 벌써 봄이야.

좀 더 일찍 편지를 쓰려고 했는데 새 학기라 정말 정신이 없었어. 게다가 이제부터 학원에도 다녀. 좋겠지? 학교도 다니고 학원에도 다니니까 친구들을 두 배는 사귈 수 있을 거야. 생각만 해도 정말 신나.

우리 가족이 산에서 보냈던 마지막 날 밤 기억나? 그날 밤 평상에 앉아서 밤하늘 봤잖아. 하늘에 꽉 찬 별이 금방이라도 평상에 쏟아져 내릴 것 같았잖아. 네가 그때 촘촘히 박힌 별들을 보고, 아주 작은 하얀 벌레들이 모여서 꼬물거리는 것 같다고 했지. 그러면서 징그럽다고 했는데.

그때 나도 네 말을 듣고 별들이 마치 작은 벌레들로 보이는 거야. 그래서 조금 징그러웠는데, 자꾸 보니 작고 징그럽던 하얀 벌레들이 예쁜 보석 벌레들로 보이더라고.

서울에 와선 밤하늘의 별 보기가 좀 힘들긴 해. 하지만 그날 이후 나는 별들이 작고 하얀 보석 벌레로 보여. 시간이 지나면 별자리가 바뀌잖아. 그게 꼭 작은 별 벌레들이 무리를 지어 기어 다녀서 그런 것 같은 생각이 들어.

아, 내가 딴 소리를 했네. 하려던 얘긴 이게 아니었는데. 그날 밤 우리가 봤던 별똥별. 그때 떨어지는 별똥별을 보고 소원을 빌었거든. 그 소원이 이뤄졌어.

나 당분간 연기 안 하기로 부모님과 얘기했어. 그래서 정말 좋아. 그 동안 사귀지 못한 친구들을 부지런히 사귀려면 연기할 때보다 더 바쁘게 움직여야 할 것 같아. 할아버지께서 바쁘게 움직이지 말라고 하셨지만 이번만큼은 이해해 주시겠지? 히힛.

참, 이 액자 어때? 지난번에 너랑 같이 만들었던 액자야. 할아버지께서 보내 주셨는데 나보다는 네가 더 좋아할 것 같아서 보낸다.

반 친구들이 내가 한 별 목걸이 정말 예쁘대. 그래서 내가 여름 방학 때 할아버지 가마에 다시 가서 만들어 주려고. 너도 그때 와서 많이 만들어 줘야 해. 알았지?

네 말대로 난 그동안 못했던 공부도 열심히 하고 친구들도 열심히 사귈 거야.

여름방학에 볼 때까지 건강하게 잘 지내.

2008년 3월 31일
보배가

"안녕? 보배야. 나도 잘 지내."

자연이는 액자 속 보배를 보고 인사를 했습니다. 편지만 읽어도 보배가 얼마나 행복한 생활을 하고 있을지 상상이 되었습니다. 자연이는 자리에서 벌떡 일어나 부엌으로 갔습니다.

"엄마, 보배 사진 왔어."

자연이가 엄마에게 보배 사진을 보여 주었습니다.

"보배는 더 예뻐졌구나. 액자가 자기로 된 거네."

"그때 산에서 보배랑 같이 만들었던 액자야. 보배가 보내 줬어."

"보배는 손재주가 좋구나. 지난번에 엄마한테 준 컵도 너무 예뻐서 깜짝 놀랐는데."

자연이는 엄마 말에 식탁 위에 있는 컵을 보았습니다. 풀빛이 도는 도자기 컵이었습니다.

자연이는 어렴풋하게 엄마 주려고 만든 컵을 보배가 깨뜨렸던 기억이 떠올랐습니다.

지난겨울, 보배네 가족은 눈 때문에 산속에 갇혀 있어야 했습니다. 그때 도자기를 만드는 할아버지에게 구조되어 그 댁에서 지냈던 적이 있습니다. 그곳에서 지낼 때 할아버지께선 보배네 가족에게 기념품을 만들어 보라고 하셨습니다. 그때 보배가 만든 기념품이 컵이었습니다. 보배는 자연이에게 미안하다며 완성된 컵을 자연이 엄마에게 전해 달라고 했습니다.

자연이는 풀빛 컵을 보자 지난겨울에 있었던 일들이 차례차례 떠올랐습니다.

"진짜 재밌었는데."

자연이가 빙그레 웃으며 말했습니다.

"빨리 여름 방학이 됐으면 좋겠지?"

엄마도 미소를 지으며 자연이를 보았습니다. 자연이가 고개를 끄덕였습니다. 자연이 손에 들려 있는 액자 속의 보배도 엄마의 물음에 마치 고개를 끄덕이며 웃고 있는 것 같았습니다.

통합형 논술
활용노트

01 (가)는 순수한 마음의 중요성을 말하고 있습니다. 순수한 마음을 가져야 하는 이유를 설명하고, (나)를 참고하여 순수한 마음을 갖기 위한 방법에 대해 논술하시오.

(가) "겉모습을 보고 도예가라는 모습을 읽을 수 있다면 그건 도예가로서 실패한 거란다. 도예가는 겉모습으로 말하는 게 아니고 도자기로 말하는 거야. 겉모습은 그저 보기 좋은 허물일 뿐이란다."
"아무리 겉모습이 중요하지 않다고 하지만 내 나이 또래 애들한테는 중요해요. 보배한테 할아버지가 도예가라고 했지만 믿질 않아요."
나는 입을 뾰로통하게 내밀고 말했어.
"순수한 마음으로 사람을 본다면 상대방이 어떤 옷을 입고 있어도 상대방의 진짜 모습을 볼 수 있단다." (……)
"그렇게 들렸냐? 내가 말한 것은 순수한 마음으로 상대방을 봐야 상대방의 진짜 모습을 볼 수 있다는 게야."

$\qquad$ -《후설이 들려주는 현상 이야기》 중

(나) 학문하는 것은 거울을 닦는 데에 비유할 수 있다. 거울은 본래 밝은 것이지만, 먼지와 때가 겹겹이 끼니, 약을 묻혀 갈고 닦아야 한다. 처음에는 아주 힘을 들여 긁어 내고 닦아 내야만 한 겹의 때를 겨우 벗겨내

니 어찌 대단히 힘든 일이 아니겠는가? 그러나 계속해서 두 번 닦고 세 번 닦는다면 힘이 점점 적게 들고, 거울의 밝음도 벗겨 낸 때의 분량만큼 점점 드러날 것이다. (이황)

― 초등학교 《읽기 6》 중

02   (나)는 물 부족 문제를 다루고 있습니다. (가)와 (나)를 참고하여 물 부족 문제의 근본적인 원인과 해결책을 생각해 보시오.

(가) "뭐든지 도가 지나치면 좋지 않다오. 난 너무 빠르게 변하는 세상이 걱정이라오."

"세상이 빨라지면 사람들의 생각도 빨라지지. 그러면 뭐가 잘못됐는지 천천히 생각해 봐야 알 수 있는 것들을 놓치게 된단다."

할아버지께서 우리를 바라보셨어.

"그럼 생각도 빨리빨리 하면 되잖아요?"

보배가 말했어.

"보배야, 그러면 정말 좋겠지만 사람의 생각은 그렇게 빨리 되는 게 아니란다. 시간과 단계를 거쳐야 다음 생각으로 넘어가는 거지."

"그래서 영감님께서는 느리게 사시는 것을 좋아하셔서 이 산에서 사시는 거군요."

아저씨 말에 할아버지께서는 고개를 끄덕이셨어.

"사람은 자연을 따라야지. 자연을 우리 인간의 도구로 바라보면 안 된단다. 우리가 이렇게 저렇게 가공하고 이용할 목적을 가지고 자연을 바라보지 말고, 우리에게 드러나 있는 자연 만물 자체로서 바라보아야 하는 거란다."

－《후설이 들려주는 현상 이야기》 중

(나) 우리나라에 흐르던 물이 부족해진 것은 두 가지 이유 때문이야. 하나는 물을 함부로 많이 썼기 때문이고, 다른 하나는 물이 너무 오염되어서 사용할 수 있는 물이 적어졌기 때문이야.

하천이 오염된 것은 폐수와 생활하수가 하천에 유입되었기 때문이란다. 사람들이 억지로 하천의 모양을 바꾸어 놓은 탓도 있어. 사람들은 좁은 공간을 활용한다면서 구불구불한 강을 직선으로 만들고, 강 옆에는 주차장을 만들었어. 그리고 작은 하천은 덮어버리고 그 위에 도로를 만들었지. 그런 일을 한 사람들은 강이 구불구불 흐르는 것이 얼마나 중요한지를 알지 못한 거야. 산에서 내려오는 물은 돌과 부딪히면서 산소도 공급받고, 굽이굽이 흐르면서 오염물질도 걸러 낸단다.

— 초등학교 《읽기 6》 중

통합형 논술
문제풀이

01 (가)는 순수한 마음으로 상대방을 바라볼 것을 강조하고 있습니다. 요즘 사람들은 겉모습을 보고 상대방을 판단하는 경향이 있습니다. 겉모습은 눈으로 쉽게 볼 수 있기 때문입니다.

하지만 겉모습이 전부는 아닙니다. 오히려 그 사람이 좋아하는 일이나 마음씨 등이 그 사람을 더 잘 나타낼 수도 있습니다. 그렇기 때문에 겉모습만으로 사람을 판단해서는 안 됩니다. 그것만으론 그 사람의 진실을 알 수 없기 때문입니다. 첫인상이 중요하다고 하지만 첫인상이 전부가 아닌 경우도 굉장히 많습니다. 첫인상이 좋았던 친구도 시간이 지나면 단점이 눈에 띄기 마련이고, 그 반대의 경우도 있는 것처럼 말입니다.

퇴계 선생님의 말씀처럼, 순수한 마음을 갖기 위해서는 거울을 닦듯 꾸준한 노력이 필요합니다. 한 번 닦고 두 번 닦고, 닦으면 닦을수록 거울은 깨끗해집니다. 마음을 닦는 것은 자기 자신을 반성한다는 뜻입니다. 따라서 거울을 닦는 마음으로 꾸준히 자기 생활을 반성할 때 우리는 순수한 마음을 가질 수 있습니다.

02 (나)의 첫 부분에 나와 있듯이, 물 부족의 중요한 원인으로 오염문제를 들 수 있습니다. 그러나 수질오염은 보다 근본적인 원인이 있습니다. 그것은 자연을 그 자체로 보지 않고 이용하거나 지배 수단으로만 생각하는 인간의 이기심입니다. 이는 "강이 구불구불 흐르는 것이 얼마나 중요한지를 알지 못한 거야"라는 구절에서 알 수 있습니다.

(가)의 논의를 추론해 본다면, 모든 것을 빨리빨리 생각하는 조급함이 물 부족을 일으켰다고 볼 수 있습니다. 당장 눈앞의 이익만을 생각하면서 더 넓은 안목으로 자연 자체의 소중함을 보지 못하는 것입니다. 이러한 조급증 때문에 수질오염이 심각해지고 있습니다.

물 부족 문제를 근본적으로 해결하기 위한 방안으로는 우리가 의식을 전환해야 합니다. 인간의 이기적인 목적을 위한 수단으로 자연을 보아서는 안 됩니다. 그리고 조

급한 마음가짐도 버려야 합니다. 드러나는 그대로 자연을 바라볼 수 있는 순수한 인간의 마음이야말로 물 부족 문제를 해결할 수 있는 근본적인 해결의 실마리입니다.